Raoul Osborn

La paix dans le monde vue par Dieu: 101 pensées pour la paix

Raoul Osborn

La paix dans le monde vue par Dieu: 101 pensées pour la paix

Ce qui fait que les guerres se multiplient dans notre monde, c'est que nous commettons les mêmes erreurs du passé

Éditions Croix du Salut

Imprint

Cover image: www.ingimage.com

Publisher:
Éditions Croix du Salut
is a trademark of
Dodo Books Indian Ocean Ltd. and OmniScriptum S.R.L publishing group

120 High Road, East Finchley, London, N2 9ED, United Kingdom
Str. Armeneasca 28/1, office 1, Chisinau MD-2012, Republic of Moldova, Europe
Printed at: see last page
ISBN: 978-620-6-16847-8

Raoul Osborn

Pour qu'il ait la paix dans le monde beaucoup de sacrifices doivent être faits, car les prix à payer, sont : L'amour du prochain, l'égalité pour tous, la considération des autres ; et l'humilité. Si ces valeurs animent les esprits des uns et des autres, c'est sûr que nous pourrions espérer à une paix durable.

Introduction

Quand on fait le bilan du nombre de morts qu'il y a eu, depuis la seconde guerre mondiale, tant parmi les militaires que la population civile, une question reste à poser : Notre monde est-il un monde de guerre ?

Guerre d'Indochine (1946-1954), près de 600.000 victimes... Guerre israélo-arabe (1948), 20.000 morts... Guerre de Corée (1950-1953), 3 millions de morts... Guerre d'Algérie (1954-1962), plus de 30.000 morts... Guerre du Vietnam (1955-1975), 1.700.000 morts... Guerre civile cambodgienne (1967-1975), 1.700.000 morts... Guerre civile libanaise (1975-1990), entre 130.000 et 250.000 morts civils... Guerre Iran-Irak (1980-1988), 800.000 morts... Guerre d'Afghanistan (2001-2021), plus de 20.198 civils tués... et tant d'autres encore dont le chiffre des victimes semblerait ridicule si des hommes, des femmes, des enfants n'étaient pas morts inutilement. Ainsi, la guerre sino-indienne de 1962 ne fera " que " 1383 morts dans l'armée indienne, de leur côté, les Chinois n'ont jamais donné leurs chiffres... Ce ne sont que là des chiffres exhaustifs, notons que la deuxième guerre mondiale 1939-1945 qui a fait plus de 60à70millions de morts ! C'est triste car dans un passé lointain il y a eu beaucoup de guerres, on peut dire qu'en ce temps-là on ignorait ce que c'est que le droit de l'homme, ou encore le monde n'était pas encore développé. Mais quand on constate qu'aujourd'hui les guerres font de plus en plus rages c'est vraiment désolant. Les passages bibliques utilisés dans cet ouvrage sont tirés de la Bible Louis Segond version révisés de 1910.

Chapitre 1 : La paix synonyme de paradis sur terre.

La paix c'est la tranquillité ; c'est le contraire de la guerre ; des remous sociaux ; c'est aussi la tranquillité dans notre environnement, dans notre maison, dans notre interaction avec les autres ou dans notre esprit, etc. Quand il y a la paix dans un pays, c'est sûr que ce pays se développe dans l'éducation, dans l'industrie et la technologie ; on peut construire des infrastructures comme les routes les hôpitaux ; les ponts les écoles etc. Quand il y a la paix chacun peut tranquillement se rendre à son lieu de travail, dans son école, à son lieu de culte ; visiter des amis faire du shopping, voyager etc. Imaginez-vous un monde où tout ce dont je viens de citer se fait dans la tranquillité ; ne serait-ce pas une sorte de paradis sur terre ?

A- Notre monde est-il un monde de guerre ?

Quand on fait l'historique du passé de notre monde, c'est un passé sombre marqué par des guerres de conquêtes, et par des guerres de dominations dans lesquelles les plus forts les plus nombreux et les plus armés ont étendus leurs dominations sur les autres. Toutes ces guerres ont eu les mêmes objectifs assujettir les autres, s'emparer de leur bien, détruire leurs valeurs ou encore les humilier. Aujourd'hui quand on, observe notre monde attentivement ; les mêmes effets sont en train de se reproduire, car beaucoup de nos guerres sont causées, par l'esprit de domination sur les autres ou s'accaparer des biens des autres, ou encore assujettir les autres parce qu'on pense qu'on est au-dessus d'eux ; et qu'ils n'ont pas droits au bonheur comme nous. Aujourd'hui dans notre monde moderne en ce 21e siècle ; si nous n'arrivons pas à nous défaire du caractère de nos ancêtres et de leurs œuvres et de notre passé miné par les guerres ; c'est par ce que ; nous n'arrivons pas à assujettir nos désirs de vouloir tout gagner par la force ; ou par notre orgueil ; ou encore par la méchanceté ou le mépris du prochain.

B- Un monde développé en faillite.

Quand on fait une analyse sur l'évolution de notre monde la remarque est extraordinaire sur le plan technologique ,et scientifique ; le monde a évolué à une vitesse vertigineuse depuis la première révolution industrielle qui a eu lieu à la fin du 18e siècle entre 1780 et 1810 par l'extraction massive des mines de charbon et de l'exploitation de la machine à vapeur ;aujourd'hui , à l'ère de l'intelligence artificielle on peut se taper la poitrine en vantant toutes ces prouesses, mais la plaie reste la même car malgré toutes ces étapes franchies, le cœur de l'homme alimenté par son égo, la méchanceté, l'orgueil et l'esprit de domination, reste une gangrène pour le bien-être de l'humanité.

C- Ce passé qui nous rattrape !

Dans le passé, certaines nations ont conquis des territoires par les guerres, d'autres peuples ont été fait esclaves, et dans certaines communautés, tel ou tel groupe ethnique ne doit pas exercer d'autres activités dans la société, que d'être seulement soit, forgeron ou esclave des autres, etc. Aujourd'hui dans notre monde moderne, où on parle des droits de l'homme et de l'égalité sociale, on veut encore continuer dans toutes ces pratiques qui causent des frustrations parmi les peuples. Pour éradiquer toutes ces pratiques qui sont d'une autre époque, il faudra que toutes les organisations qui défendent les droits de l'homme, et les dirigeants des nations, se mettent au travail pour mettre en place des cellules de sensibilisation dans tous les pays où ces pratiquent continuent d'exister, pour emmener les uns et les autres à comprendre que ces choses ne doivent plus exister parmi nous aujourd'hui, afin que tout le monde puisse vivre ensemble dans la paix et dans l'harmonie.

Chapitre 2 : Les commandements de Dieu fondements de la paix entre les hommes.

Nous allons fait un parcours dans l'Ancien Testament et lire les dix commandements que Dieu a donné à Moise. Lisons dans le livre d'Exode chapitre 20 du verset 1au verset 18.

20.1

Alors Dieu prononça toutes ces paroles, en disant :

20.2

Je suis l'Éternel, ton Dieu, qui t'ai fait sortir du pays d'Égypte, de la maison de servitude.

20.3

Tu n'auras pas d'autres dieux devant ma face.

20.4

Tu ne te feras point d'image taillée, ni de représentation quelconque des choses qui sont en haut dans les cieux, qui sont en bas sur la terre, et qui sont dans les eaux plus bas que la terre.

20.5

Tu ne te prosterneras point devant elles, et tu ne les serviras point ; car moi, l'Éternel, ton Dieu, je suis un Dieu jaloux, qui punis l'iniquité des pères sur les enfants jusqu'à la troisième et la quatrième génération de ceux qui me haïssent.

20.6

Et qui fais miséricorde jusqu'en mille générations à ceux qui m'aiment et qui gardent mes commandements.

20.7

Tu ne prendras point le nom de l'Éternel, ton Dieu, en vain ; car l'Éternel ne laissera point impuni celui qui prendra son nom en vain.

20.8

Souviens-toi du jour du repos, pour le sanctifier.

20.9

Tu travailleras six jours, et tu feras tout ton ouvrage.

20.10

Mais le septième jour est le jour du repos de l'Éternel, ton Dieu : tu ne feras aucun ouvrage, ni toi, ni ton fils, ni ta fille, ni ton serviteur, ni ta servante, ni ton bétail, ni l'étranger qui est dans tes portes.

20.11

Car en six jours l'Éternel a fait les cieux, la terre et la mer, et tout ce qui y est contenu, et il s'est reposé le septième jour : c'est pourquoi l'Éternel a béni le jour du repos et l'a sanctifié.

20.12

Honore ton père et ta mère, afin que tes jours se prolongent dans le pays que l'Éternel, ton Dieu, te donne.

20.13

Tu ne tueras point.

20.14

Tu ne commettras point d'adultère.

20.15

Tu ne déroberas point.

20.16

Tu ne porteras point de faux témoignage contre ton prochain.

20.17

Tu ne convoiteras point la maison de ton prochain ; tu ne convoiteras point la femme de ton prochain, ni son serviteur, ni sa servante, ni son bœuf, ni son âne, ni aucune chose qui appartienne à ton prochain.

20.18

Quand nous voyons ces commandements il est écrit ;tu ne te prosterneras pas devant d'autres dieux ; tu ne convoiteras pas tu ne voleras pas tu ne tueras pas etc. Quand nous observons notre monde, on constate que l'homme fait le contraire au lieu d'élever Dieu ; l'homme préfère plutôt élever le matériel, dans notre monde aujourd'hui on est prêt à tout pour obtenir ce dont nous avons besoin, le cœur de l'homme est de plus en plus attiré vers tout ce qui peut assouvir ses désirs égoïstes qui sont la jalousie, l'orgueil ; l'esprit de domination sur les autres ; les meurtres etc. Nous allons voir quelques exemples bibliques.

A- L'Histoire de Caïn et Abel.

Genèse 4

4.1

Adam connut Eve, sa femme ; elle conçut, et enfanta Caïn et elle dit: J'ai formé un homme avec l'aide de l'Éternel.

4.2

Elle enfanta encore son frère Abel. Abel fut berger, et Caïn fut laboureur.

4.3

Au bout de quelque temps, Caïn fit à l'Éternel une offrande des fruits de la terre ;

4.4

Et Abel, de son côté, en fit une des premiers-nés de son troupeau et de leur graisse. L'Éternel porta un regard favorable sur Abel et sur son offrande ;

4.5

Mais il ne porta pas un regard favorable sur Caïn et sur son offrande. Caïn fut très irrité, et son visage fut abattu.

4.6

Et l'Éternel dit à Caïn : Pourquoi es-tu irrité, et pourquoi ton visage est-il abattu ?

4.7

Certainement, si tu agis bien, tu relèveras ton visage, et si tu agis mal, le péché se couche à la porte, et ses désirs se portent vers toi : mais toi, domine sur lui.

4.8

Cependant, Caïn adressa la parole à son frère Abel ; mais, comme ils étaient dans les champs, Caïn se jeta sur son frère Abel, et le tua.

4.9

L'Éternel dit à Caïn : Où est ton frère Abel ? Il répondit : Je ne sais pas ; suis-je le gardien de mon frère ?

4.10

Et Dieu dit : Qu'as-tu fait ? La voix du sang de ton frère crie de la terre jusqu'à moi.

4.11

Maintenant, tu seras maudit de la terre qui a ouvert sa bouche pour recevoir de ta main le sang de ton frère.

4.12

Quand tu cultiveras le sol, il ne te donnera plus sa richesse. Tu seras errant et vagabond sur la terre.

4.13

Caïn dit à l'Éternel : Mon châtiment est trop grand pour être supporté.

4.14

Voici, tu me chasses aujourd'hui de cette terre ; je serai caché loin de ta face, je serai errant et vagabond sur la terre, et quiconque me trouvera me tuera.

4.15

L'Éternel lui dit : Si quelqu'un tuait Caïn, Caïn serait vengé sept fois. Et l'Éternel mit un signe sur Caïn pour que quiconque le trouverait ne le tuât point.

4.16

Puis, Caïn s'éloigna de la face de l'Éternel, et habita dans la terre de Nod, à l'orient d'Éden.

4.17

Caïn connut sa femme ; elle conçut, et enfanta Hénoc. Il bâtit ensuite une ville, et il donna à cette ville le nom de son fils Hénoc.

4.18

Hénoc engendra Irad, Irad engendra Mehujaël, Mehujaël engendra Metuschaël, et Metuschaël engendra Lémec.

4.19

Lémec prit deux femmes : le nom de l'une était Ada, et le nom de l'autre Tsilla.

4.20

Ada enfanta Jabal: il fut le père de ceux qui habitent sous des tentes et près des troupeaux.

4.21

Le nom de son frère était Jubal: il fut le père de tous ceux qui jouent de la harpe et du chalumeau.

4.22

Tsilla, de son côté, enfanta Tubal Caïn, qui forgeait tous les instruments d'airain et de fer. La soeur de Tubal Caïn était Naama.

4.23

Lémec dit à ses femmes : Ada et Tsilla, écoutez ma voix ! Femmes de Lémec, écoutez ma parole ! J'ai tué un homme pour ma blessure, Et un jeune homme pour ma meurtrissure.

4.24

Caïn sera vengé sept fois, Et Lémec soixante-dix-sept fois.

4.25

Adam connut encore sa femme ; elle enfanta un fils, et l'appela du nom de Seth, car, dit-elle, Dieu m'a donnée un autre fils à la place d'Abel, que Caïn a tué.

4.26

Seth eut aussi un fils, et il l'appela du nom d'Énosch. C'est alors que l'on commença à invoquer le nom de l'Éternel.

B- Hérode.

Matthieu 2

2.1

Jésus étant né à Bethléhem en Judée, au temps du roi Hérode, voici des mages d'Orient arrivèrent à Jérusalem,

2.2

Et dirent : Où est le roi des Juifs qui vient de naître ? car nous avons vu son étoile en Orient, et nous sommes venus pour l'adorer.

2.3

Le roi Hérode, ayant appris cela, fut troublé, et tout Jérusalem avec lui.

2.4

Il assembla tous les principaux sacrificateurs et les scribes du peuple, et il s'informa auprès d'eux où devait naître le Christ.

2.5

Ils lui dirent : A Bethléhem en Judée ; car voici ce qui a été écrit par le prophète:

2.6

Et toi, Bethléhem, terre de Juda, Tu n'es certes pas la moindre entre les principales villes de Juda, Car de toi sortira un chef Qui paîtra Israël, mon peuple.

2.7

Alors Hérode fit appeler en secret les mages, et s'enquit soigneusement auprès d'eux depuis combien de temps l'étoile brillait.

2.8

Puis il les envoya à Bethléhem, en disant : Allez, et prenez des informations exactes sur le petit enfant ; quand vous l'aurez trouvé, faites-le-moi savoir, afin que j'aille aussi moi-même l'adorer.

2.9

Après avoir entendu le roi, ils partirent. Et voici, l'étoile qu'ils avaient vue en Orient marchait devant eux jusqu'à ce qu'étant arrivée au-dessus du lieu où était le petit enfant, elle s'arrêta.

2.10

Quand ils aperçurent l'étoile, ils furent saisis d'une très grande joie.

2.11

Ils entrèrent dans la maison, virent le petit enfant avec Marie, sa mère, se prosternèrent et l'adorèrent ; ils ouvrirent ensuite leurs trésors, et lui offrirent en présent de l'or, de l'encens et de la myrrhe.

2.12

Puis, divinement avertis en songe de ne pas retourner vers Hérode, ils regagnèrent leur pays par un autre chemin.

2.13

Lorsqu'ils furent partis, voici, un ange du Seigneur apparut en songe à Joseph, et dit : Lève-toi, prends le petit enfant et sa mère, fuis en Égypte, et restes-y jusqu'à ce que je te parle ; car Hérode cherchera le petit enfant pour le faire périr.

2.14

Joseph se leva, prit de nuit le petit enfant et sa mère, et se retira en Égypte.

2.15

Il y resta jusqu'à la mort d'Hérode, afin que s'accomplît ce que le Seigneur avait annoncé par le prophète : J'ai appelé mon fils hors d'Égypte.

2.16

Alors Hérode, voyant qu'il avait été joué par les mages, se mit dans une grande colère, et il envoya tuer tous les enfants de deux ans et au-dessous qui étaient à Bethléhem et dans tout son territoire, selon la date dont il s'était soigneusement enquis auprès des mages.

2.17

Alors s'accomplit ce qui avait été annoncé par Jérémie, le prophète :

2.18

On a entendu des cris à Rama, Des pleurs et de grandes lamentations : Rachel pleure ses enfants, Et n'a pas voulu être consolée, Parce qu'ils ne sont plus.

2.19

Quand Hérode fut mort, voici, un ange du Seigneur apparut en songe à Joseph, en Égypte,

2.20

Et dit : Lève-toi, prends le petit enfant et sa mère, et va dans le pays d'Israël, car ceux qui en voulaient à la vie du petit enfant sont morts.

2.21

Joseph se leva, prit le petit enfant et sa mère, et alla dans le pays d'Israël.

2.22

Mais, ayant appris qu'Archélaüs régnait sur la Judée à la place d'Hérode, son père, il craignit de s'y rendre ; et, divinement averti en songe, il se retira dans le territoire de la Galilée,

2.23

et vint demeurer dans une ville appelée Nazareth, afin que s'accomplît ce qui avait été annoncé par les prophètes: Il sera appelé Nazaréen.

C- Achab et Jézabel sa femme.

1 Rois 21

21.1

Après ces choses, voici ce qui arriva. Naboth, de Jizreel, avait une vigne à Jizreel, à côté du palais d'Achab, roi de Samarie.

21.2

Et Achab parla ainsi à Naboth: Cède-moi ta vigne, pour que j'en fasse un jardin potager, car elle est tout près de ma maison. Je te donnerai à la place une vigne meilleure; ou, si cela te convient, je te paierai la valeur en argent.

21.3

Mais Naboth répondit à Achab: Que l'Éternel me garde de te donner l'héritage de mes pères!

21.4

Achab rentra dans sa maison, triste et irrité, à cause de cette parole que lui avait dite Naboth de Jizreel: Je ne te donnerai pas l'héritage de mes pères! Et il se coucha sur son lit, détourna le visage, et ne mangea rien.

21.5

Jézabel, sa femme, vint auprès de lui, et lui dit: Pourquoi as-tu l'esprit triste et ne manges-tu point ?

21.6
Il lui répondit : J'ai parlé à Naboth de Jizreel, et je lui ai dit : Cède-moi ta vigne pour de l'argent; ou, si tu veux, je te donnerai une autre vigne à la place. Mais il a dit : Je ne te donnerai pas ma vigne !
21.7
Alors Jézabel, sa femme, lui dit : Est-ce bien toi maintenant qui exerces la souveraineté sur Israël ? Lève-toi, prends de la nourriture, et que ton coeur se réjouisse ; moi, je te donnerai la vigne de Naboth de Jizreel.
21.8
Et elle écrivit au nom d'Achab des lettres qu'elle scella du sceau d'Achab, et qu'elle envoya aux anciens et aux magistrats qui habitaient avec Naboth dans sa ville.
21.9
Voici ce qu'elle écrivit dans ces lettres : Publiez un jeûne; placez Naboth à la tête du peuple,
21.10
Et mettez en face de lui deux méchants hommes qui déposeront ainsi contre lui : Tu as maudit Dieu et le roi ! Puis menez-le dehors, lapidez-le, et qu'il meure.
21.11
Les gens de la ville de Naboth, les anciens et les magistrats qui habitaient dans la ville, agirent comme Jézabel le leur avait fait dire, d'après ce qui était écrit dans les lettres qu'elle leur avait envoyées.
21.12
Ils publièrent un jeûne, et ils placèrent Naboth à la tête du peuple ;
21.13
les deux méchants hommes vinrent se mettre en face de lui, et ces méchants hommes déposèrent ainsi devant le peuple contre Naboth: Naboth a maudit Dieu et le roi! Puis ils le menèrent hors de la ville, ils le lapidèrent, et il mourut.
21.14
Et ils envoyèrent dire à Jézabel : Naboth a été lapidé, et il est mort.

21.15
Lorsque Jézabel apprit que Naboth avait été lapidé et qu'il était mort, elle dit à Achab : Lève-toi, prends possession de la vigne de Naboth de Jizreel,

qui a refusé de te la céder pour de l'argent; car Naboth n'est plus en vie, il est mort.

21.16

Achab, entendant que Naboth était mort, se leva pour descendre à la vigne de Naboth de Jizreel, afin d'en prendre possession.

D- Hérode le tétrarque

Matthieu 14

14.1

En ce temps-là, Hérode le tétrarque, ayant entendu parler de Jésus, dit à ses serviteurs: C'est Jean Baptiste!

14.2

Il est ressuscité des morts, et c'est pour cela qu'il se fait par lui des miracles.

14.3

Car Hérode, qui avait fait arrêter Jean, l'avait lié et mis en prison, à cause d'Hérodias, femme de Philippe, son frère,

14.4

Parce que Jean lui disait: Il ne t'est pas permis de l'avoir pour femme.

14.5

Il voulait le faire mourir, mais il craignait la foule, parce qu'elle regardait Jean comme un prophète.

14.6

Or, lorsqu'on célébra l'anniversaire de la naissance d'Hérode, la fille d'Hérodias dansa au milieu des convives, et plut à Hérode,

14.7

De sorte qu'il promit avec serment de lui donner ce qu'elle demanderait.

14.8

A l'instigation de sa mère, elle dit: Donne-moi ici, sur un plat, la tête de Jean Baptiste.

14.9

Le roi fut attristé; mais, à cause de ses serments et des convives, il commanda qu'on la lui donne,

14.10

Et il envoya décapiter Jean dans la prison.

14.11

Sa tête fut apportée sur un plat, et donnée à la jeune fille, qui la porta à sa mère.

14.12

Les disciples de Jean vinrent prendre son corps, et l'ensevelirent. Et ils allèrent l'annoncer à Jésus.

E- Pharaon roi d'Egypte.

Exode 1

1.1

Voici les noms des fils d'Israël, venus en Égypte avec Jacob et la famille de chacun d'eux:

1.2

Ruben, Siméon, Lévi, Juda,

1.3

Issacar, Zabulon, Benjamin,

1.4

Dan, Nephthali, Gad et Aser.

1.5

Les personnes issues de Jacob étaient au nombre de soixante-dix en tout. Joseph était alors en Égypte.

1.6

Joseph mourut, ainsi que tous ses frères et toute cette génération-là.

1.7

Les enfants d'Israël furent féconds et multiplièrent, ils s'accrurent et devinrent de plus en plus puissants. Et le pays en fut rempli.

1.8

Il s'éleva sur l'Égypte un nouveau roi, qui n'avait point connu Joseph.

1.9

Il dit à son peuple: Voilà les enfants d'Israël qui forment un peuple plus nombreux et plus puissant que nous.

1.10

Allons ! montrons-nous habiles à son égard; empêchons qu'il ne s'accroisse, et que, s'il survient une guerre, il ne se joigne à nos ennemis, pour nous combattre et sortir ensuite du pays.

1.11

Et l'on établit sur lui des chefs de corvées, afin de l'accabler de travaux pénibles. C'est ainsi qu'il bâtit les villes de Pithom et de Ramsès, pour servir de magasins à Pharaon.

1.12

Mais plus on l'accablait, plus il multipliait et s'accroissait; et l'on prit en aversion les enfants d'Israël.

1.13

Alors les Égyptiens réduisirent les enfants d'Israël à une dure servitude.

1.14

Ils leur rendirent la vie amère par de rudes travaux en argile et en briques, et par tous les ouvrages des champs: et c'était avec cruauté qu'ils leur imposaient toutes ces charges.

1.15

Le roi d'Égypte parla aussi aux sage-femmes des Hébreux, nommées l'une Schiphra, et l'autre Pua.

1.16

Il leur dit: Quand vous accoucherez les femmes des Hébreux et que vous les verrez sur les sièges, si c'est un garçon, faites-le mourir; si c'est une fille, laissez-la vivre.

1.17

Mais les sage-femmes craignirent Dieu, et ne firent point ce que leur avait dit le roi d'Égypte; elles laissèrent vivre les enfants.

1.18

Le roi d'Égypte appela les sage-femmes, et leur dit: Pourquoi avez-vous agi ainsi, et avez-vous laissé vivre les enfants?

1.19

Les sage-femmes répondirent à Pharaon: C'est que les femmes des Hébreux ne sont pas comme les Égyptiennes; elles sont vigoureuses et elles accouchent avant l'arrivée de la sage-femme.

1.20

Dieu fit du bien aux sage-femmes; et le peuple multiplia et devint très nombreux.

1.21

Parce que les sage-femmes avaient eu la crainte de Dieu, Dieu fit prospérer leurs maisons.

1.22

Alors Pharaon donna cet ordre à tout son peuple: Vous jetterez dans le
fleuve tout garçon qui naîtra, et vous laisserez vivre toutes les filles.

Chapitre 3 : Les conséquences de la méchanceté de l'homme le jugement divin.

A- Le déluge.

Genèse 6

6.1

Lorsque les hommes eurent commencé à se multiplier sur la face de la terre, et que des filles leur furent nées,

6.2

Les fils de Dieu virent que les filles des hommes étaient belles, et ils en prirent pour femmes parmi toutes celles qu'ils choisirent.

6.3

Alors l'Éternel dit: Mon esprit ne restera pas à toujours dans l'homme, car l'homme n'est que chair, et ses jours seront de cent vingt ans.

6.4

Les géants étaient sur la terre en ces temps-là, après que les fils de Dieu furent venus vers les filles des hommes, et qu'elles leur eurent donné des enfants : ce sont ces héros qui furent fameux dans l'antiquité.

6.5

L'Éternel vit que la méchanceté des hommes était grande sur la terre, et que toutes les pensées de leur cœur se portaient chaque jour uniquement vers le mal.

6.6

L'Éternel se repentit d'avoir fait l'homme sur la terre, et il fut affligé en son cœur.

6.7

Et l'Éternel dit: J'exterminerai de la face de la terre l'homme que j'ai créé, depuis l'homme jusqu'au bétail, aux reptiles, et aux oiseaux du ciel; car je me repens de les avoir faits.

6.8

Mais Noé trouva grâce aux yeux de l'Éternel.

6.9

Voici la postérité de Noé. Noé était un homme juste et intègre dans son temps; Noé marchait avec Dieu.

6.10

Noé engendra trois fils: Sem, Cham et Japhet.

6.11

La terre était corrompue devant Dieu, la terre était pleine de violence.

6.12

Dieu regarda la terre, et voici, elle était corrompue; car toute chair avait corrompu sa voie sur la terre.

6.13

Alors Dieu dit à Noé: La fin de toute chair est arrêtée par devers moi; car ils ont rempli la terre de violence; voici, je vais les détruire avec la terre.

6.14

Fais-toi une arche de bois de gopher; tu disposeras cette arche en cellules, et tu l'enduiras de poix en dedans et en dehors.

6.15

Voici comment tu la feras: l'arche aura trois cents coudées de longueur, cinquante coudées de largeur et trente coudées de hauteur.

6.16

Tu feras à l'arche une fenêtre, que tu réduiras à une coudée en haut; tu établiras une porte sur le côté de l'arche; et tu construiras un étage inférieur, un second et un troisième.

6.17

Et moi, je vais faire venir le déluge d'eaux sur la terre, pour détruire toute chair ayant souffle de vie sous le ciel; tout ce qui est sur la terre périra.

6.18

Mais j'établis mon alliance avec toi; tu entreras dans l'arche, toi et tes fils, ta femme et les femmes de tes fils avec toi.

6.19

De tout ce qui vit, de toute chair, tu feras entrer dans l'arche deux de chaque espèce, pour les conserver en vie avec toi: il y aura un mâle et une femelle.

6.20

Des oiseaux selon leur espèce, du bétail selon son espèce, et de tous les reptiles de la terre selon leur espèce, deux de chaque espèce viendront vers toi, pour que tu leur conserves la vie.

6.21

Et toi, prends de tous les aliments que l'on mange, et fais-en une provision auprès de toi, afin qu'ils te servent de nourriture ainsi qu'à eux.

6.22

C'est ce que fit Noé: il exécuta tout ce que Dieu lui avait ordonné.

Genèse 7

7.1

L'Éternel dit à Noé: Entre dans l'arche, toi et toute ta maison; car je t'ai vu juste devant moi parmi cette génération.

7.2

Tu prendras auprès de toi sept couples de tous les animaux purs, le mâle et sa femelle; une paire des animaux qui ne sont pas purs, le mâle et sa femelle;

7.3

Sept couples aussi des oiseaux du ciel, mâle et femelle, afin de conserver leur race en vie sur la face de toute la terre.

7.4

Car, encore sept jours, et je ferai pleuvoir sur la terre quarante jours et quarante nuits, et j'exterminerai de la face de la terre tous les êtres que j'ai faits.

7.5

Noé exécuta tout ce que l'Éternel lui avait ordonné.

7.6

Noé avait six cents ans, lorsque le déluge d'eaux fut sur la terre.

7.7

Et Noé entra dans l'arche avec ses fils, sa femme et les femmes de ses fils, pour échapper aux eaux du déluge.

7.8

D'entre les animaux purs et les animaux qui ne sont pas purs, les oiseaux et tout ce qui se meut sur la terre,

7.9

Il entra dans l'arche auprès de Noé, deux à deux, un mâle et une femelle, comme Dieu l'avait ordonné à Noé.

7.10

Sept jours après, les eaux du déluge furent sur la terre.

7.11

L'an six cent de la vie de Noé, le second mois, le dix-septième jour du mois, en ce jour-là toutes les sources du grand abîme jaillirent, et les écluses des cieux s'ouvrirent.

7.12

La pluie tomba sur la terre quarante jours et quarante nuits.

7.13
Ce même jour entrèrent dans l'arche Noé, Sem, Cham et Japhet, fils de Noé, la femme de Noé et les trois femmes de ses fils avec eux:
7.14
Eux, et tous les animaux selon leur espèce, tout le bétail selon son espèce, tous les reptiles qui rampent sur la terre selon leur espèce, tous les oiseaux selon leur espèce, tous les petits oiseaux, tout ce qui a des ailes.
7.15
Ils entrèrent dans l'arche auprès de Noé, deux à deux, de toute chair ayant souffle de vie.
7.16
Il en entra, mâle et femelle, de toute chair, comme Dieu l'avait ordonné à Noé. Puis l'Éternel ferma la porte sur lui.
7.17
Le déluge fut quarante jours sur la terre. Les eaux crûrent et soulevèrent l'arche, et elle s'éleva au-dessus de la terre.
7.18
Les eaux grossirent et s'accrurent beaucoup sur la terre, et l'arche flotta sur la surface des eaux.
7.19
Les eaux grossirent de plus en plus, et toutes les hautes montagnes qui sont sous le ciel entier furent couvertes.
7.20
Les eaux s'élevèrent de quinze coudées au-dessus des montagnes, qui furent couvertes.
7.21
Tout ce qui se mouvait sur la terre périt, tant les oiseaux que le bétail et les animaux, tout ce qui rampait sur la terre, et tous les hommes.

7.22
Tout ce qui avait respiration, souffle de vie dans ses narines, et qui était sur la terre sèche, mourut.
7.23
Tous les êtres qui étaient sur la face de la terre furent exterminés, depuis l'homme jusqu'au bétail, aux reptiles et aux oiseaux du ciel: ils furent exterminés de la terre. Il ne resta que Noé, et ce qui était avec lui dans l'arche.

7.24
Les eaux furent grosses sur la terre pendant cent cinquante jours.

B- La fin du déluge Dieu fait alliance avec tous les hommes de la terre.

Genèse 8
8.1
Dieu se souvint de Noé, de tous les animaux et de tout le bétail qui étaient avec lui dans l'arche; et Dieu fit passer un vent sur la terre, et les eaux s'apaisèrent.
8.2
Les sources de l'abîme et les écluses des cieux furent fermées, et la pluie ne tomba plus du ciel.
8.3
Les eaux se retirèrent de dessus la terre, s'en allant et s'éloignant, et les eaux diminuèrent au bout de cent cinquante jours.
8.4
Le septième mois, le dix-septième jour du mois, l'arche s'arrêta sur les montagnes d'Ararat.

8.5
Les eaux allèrent en diminuant jusqu'au dixième mois. Le dixième mois, le premier jour du mois, apparurent les sommets des montagnes.
8.6
Au bout de quarante jours, Noé ouvrit la fenêtre qu'il avait faite à l'arche.
8.7
Il lâcha le corbeau, qui sortit, partant et revenant, jusqu'à ce que les eaux eussent séché sur la terre.
8.8
Il lâcha aussi la colombe, pour voir si les eaux avaient diminué à la surface de la terre.
8.9
Mais la colombe ne trouva aucun lieu pour poser la plante de son pied, et elle revint à lui dans l'arche, car il y avait des eaux à la surface de toute la terre. Il avança la main, la prit, et la fit rentrer auprès de lui dans l'arche.

8.10

Il attendit encore sept autres jours, et il lâcha de nouveau la colombe hors de l'arche.

8.11

La colombe revint à lui sur le soir; et voici, une feuille d'olivier arrachée était dans son bec. Noé connut ainsi que les eaux avaient diminué sur la terre.

8.12

Il attendit encore sept autres jours; et il lâcha la colombe. Mais elle ne revint plus à lui.

8.13

L'an six cent un, le premier mois, le premier jour du mois, les eaux avaient séché sur la terre. Noé ôta la couverture de l'arche: il regarda, et voici, la surface de la terre avait séché.

8.14

Le second mois, le vingt-septième jour du mois, la terre fut sèche.

8.15

Alors Dieu parla à Noé, en disant:

8.16

Sors de l'arche, toi et ta femme, tes fils et les femmes de tes fils avec toi.

8.17

Fais sortir avec toi tous les animaux de toute chair qui sont avec toi, tant les oiseaux que le bétail et tous les reptiles qui rampent sur la terre: qu'ils se répandent sur la terre, qu'ils soient féconds et multiplient sur la terre.

8.18

Et Noé sortit, avec ses fils, sa femme, et les femmes de ses fils.

8.19

Tous les animaux, tous les reptiles, tous les oiseaux, tout ce qui se meut sur la terre, selon leurs espèces, sortirent de l'arche.

8.20

Noé bâtit un autel à l'Éternel; il prit de toutes les bêtes pures et de tous les oiseaux purs, et il offrit des holocaustes sur l'autel.

8.21

L'Éternel sentit une odeur agréable, et l'Éternel dit en son coeur: Je ne maudirai plus la terre, à cause de l'homme, parce que les pensées du coeur de l'homme sont mauvaises dès sa jeunesse; et je ne frapperai plus tout ce qui est vivant, comme je l'ai fait.

8.22

Tant que la terre subsistera, les semailles et la moisson, le froid et la chaleur, l'été et l'hiver, le jour et la nuit ne cesseront point.

Genèse 9

9.1

Dieu bénit Noé et ses fils, et leur dit: Soyez féconds, multipliez, et remplissez la terre.

9.2

Vous serez un sujet de crainte et d'effroi pour tout animal de la terre, pour tout oiseau du ciel, pour tout ce qui se meut sur la terre, et pour tous les poissons de la mer: ils sont livrés entre vos mains.

9.3

Tout ce qui se meut et qui a vie vous servira de nourriture: je vous donne tout cela comme l'herbe verte.

9.4

Seulement, vous ne mangerez point de chair avec son âme, avec son sang.

9.5

Sachez-le aussi, je redemanderai le sang de vos âmes, je le redemanderai à tout animal; et je redemanderai l'âme de l'homme à l'homme, à l'homme qui est son frère.

9.6

Si quelqu'un verse le sang de l'homme, par l'homme son sang sera versé; car Dieu a fait l'homme à son image.

9.7

Et vous, soyez féconds et multipliez, répandez-vous sur la terre et multipliez sur elle.

9.8

Dieu parla encore à Noé et à ses fils avec lui, en disant:

9.9

Voici, j'établis mon alliance avec vous et avec votre postérité après vous;

9.10

Avec tous les êtres vivants qui sont avec vous, tant les oiseaux que le bétail et tous les animaux de la terre, soit avec tous ceux qui sont sortis de l'arche, soit avec tous les animaux de la terre.

9.11

J'établis mon alliance avec vous: aucune chair ne sera plus exterminée par les eaux du déluge, et il n'y aura plus de déluge pour détruire la terre.

9.12

Et Dieu dit: C'est ici le signe de l'alliance que j'établis entre moi et vous, et tous les êtres vivants qui sont avec vous, pour les générations à toujours:

9.13

j'ai placé mon arc dans la nue, et il servira de signe d'alliance entre moi et la terre.

9.14

Quand j'aurai rassemblé des nuages au-dessus de la terre, l'arc paraîtra dans la nue;

9.15

Et je me souviendrai de mon alliance entre moi et vous, et tous les êtres vivants, de toute chair, et les eaux ne deviendront plus un déluge pour détruire toute chair.

9.16

L'arc sera dans la nue; et je le regarderai, pour me souvenir de l'alliance perpétuelle entre Dieu et tous les êtres vivants, de toute chair qui est sur la terre.

9.17

Et Dieu dit à Noé: Tel est le signe de l'alliance que j'établis entre moi et toute chair qui est sur la terre. Nous avons vu clairement que la méchanceté de l'homme a eu pour conséquence le déluge que Dieu lui-même a fait venir sur toute l'humanité ;mais après le déluge ,il fait alliance avec les hommes, ici Dieu donne une leçon très importante aux hommes pour dire que quelques soient les raisons de nos incessantes guerres, il faudra un jour s'assoir, et identifier les causes de toutes ces guerres, et chercher une solution pour mettre fin à toutes ces guerres dont on peut trouver un règlement pacifique, pour le bien-être de toute l'humanité.

Chapitre 4 : Jésus-Christ un homme de paix.

A- La naissance de Jésus-Christ.

Luc 1

1.1

Plusieurs ayant entrepris de composer un récit des événements qui se sont accomplis parmi nous,

1.2

suivant ce que nous ont transmis ceux qui ont été des témoins oculaires dès le commencement et sont devenus des ministres de la parole,

1.3

il m'a aussi semblé bon, après avoir fait des recherches exactes sur toutes ces choses depuis leur origine, de te les exposer par écrit d'une manière suivie, excellent Théophile,

1.4

afin que tu reconnaisses la certitude des enseignements que tu as reçus.

1.5

Du temps d'Hérode, roi de Judée, il y avait un sacrificateur, nommé Zacharie, de la classe d'Abia; sa femme était d'entre les filles d'Aaron, et s'appelait Élisabeth.

1.6

Tous deux étaient justes devant Dieu, observant d'une manière irréprochable tous les commandements et toutes les ordonnances du Seigneur.

1.7

Ils n'avaient point d'enfants, parce qu'Élisabeth était stérile; et ils étaient l'un et l'autre avancés en âge.

1.8

Or, pendant qu'il s'acquittait de ses fonctions devant Dieu, selon le tour de sa classe, il fut appelé par le sort,

1.9

d'après la règle du sacerdoce, à entrer dans le temple du Seigneur pour offrir le parfum.

1.10

Toute la multitude du peuple était dehors en prière, à l'heure du parfum.

1.11

Alors un ange du Seigneur apparut à Zacharie, et se tint debout à droite de l'autel des parfums.

1.12

Zacharie fut troublé en le voyant, et la frayeur s'empara de lui.

1.13

Mais l'ange lui dit: Ne crains point, Zacharie; car ta prière a été exaucée. Ta femme Élisabeth t'enfantera un fils, et tu lui donneras le nom de Jean.

1.14

Il sera pour toi un sujet de joie et d'allégresse, et plusieurs se réjouiront de sa naissance.

1.15

Car il sera grand devant le Seigneur. Il ne boira ni vin, ni liqueur enivrante, et il sera rempli de l'Esprit Saint dès le sein de sa mère;

1.16

il ramènera plusieurs des fils d'Israël au Seigneur, leur Dieu;

1.17

il marchera devant Dieu avec l'esprit et la puissance d'Élie, pour ramener les coeurs des pères vers les enfants, et les rebelles à la sagesse des justes, afin de préparer au Seigneur un peuple bien disposé.

1.18

Zacharie dit à l'ange: A quoi reconnaîtrai-je cela? Car je suis vieux, et ma femme est avancée en âge.

1.19

L'ange lui répondit: Je suis Gabriel, je me tiens devant Dieu; j'ai été envoyé pour te parler, et pour t'annoncer cette bonne nouvelle.

1.20

Et voici, tu seras muet, et tu ne pourras parler jusqu'au jour où ces choses arriveront, parce que tu n'as pas cru à mes paroles, qui s'accompliront en leur temps.

1.21

Cependant, le peuple attendait Zacharie, s'étonnant de ce qu'il restait si longtemps dans le temple.

1.22

Quand il sortit, il ne put leur parler, et ils comprirent qu'il avait eu une vision dans le temple; il leur faisait des signes, et il resta muet.

1.23
Lorsque ses jours de service furent écoulés, il s'en alla chez lui.
1.24
Quelque temps après, Élisabeth, sa femme, devint enceinte. Elle se cacha pendant cinq mois, disant:
1.25
C'est la grâce que le Seigneur m'a faite, quand il a jeté les yeux sur moi pour ôter mon opprobre parmi les hommes.
1.26
Au sixième mois, l'ange Gabriel fut envoyé par Dieu dans une ville de Galilée, appelée Nazareth,
1.27
auprès d'une vierge fiancée à un homme de la maison de David, nommé Joseph. Le nom de la vierge était Marie.
1.28
L'ange entra chez elle, et dit: Je te salue, toi à qui une grâce a été faite; le Seigneur est avec toi.
1.29
Troublée par cette parole, Marie se demandait ce que pouvait signifier une telle salutation.
1.30
L'ange lui dit: Ne crains point, Marie; car tu as trouvé grâce devant Dieu.
1.31
Et voici, tu deviendras enceinte, et tu enfanteras un fils, et tu lui donneras le nom de Jésus.
1.32
Il sera grand et sera appelé Fils du Très Haut, et le Seigneur Dieu lui donnera le trône de David, son père.
1.33
Il règnera sur la maison de Jacob éternellement, et son règne n'aura point de fin.
1.34
Marie dit à l'ange: Comment cela se fera-t-il, puisque je ne connais point d'homme ?

1.35
L'ange lui répondit: Le Saint Esprit viendra sur toi, et la puissance du Très Haut te couvrira de son ombre. C'est pourquoi le saint enfant qui naîtra de toi sera appelé Fils de Dieu.
1.36
Voici, Élisabeth, ta parente, a conçu, elle aussi, un fils en sa vieillesse, et celle qui était appelée stérile est dans son sixième mois.
1.37
Car rien n'est impossible à Dieu.
1.38
Marie dit: Je suis la servante du Seigneur; qu'il me soit fait selon ta parole! Et l'ange la quitta.
1.39
Dans ce même temps, Marie se leva, et s'en alla en hâte vers les montagnes, dans une ville de Juda.
1.40
Elle entra dans la maison de Zacharie, et salua Élisabeth.
1.41
Dès qu'Élisabeth entendit la salutation de Marie, son enfant tressaillit dans son sein, et elle fut remplie du Saint Esprit.
1.42
Elle s'écria d'une voix forte: Tu es bénie entre les femmes, et le fruit de ton sein est béni.
1.43
Comment m'est-il accordé que la mère de mon Seigneur vienne auprès de moi?
1.44
Car voici, aussitôt que la voix de ta salutation a frappé mon oreille, l'enfant a tressailli d'allégresse dans mon sein.
1.45
Heureuse celle qui a cru, parce que les choses qui lui ont été dites de la part du Seigneur auront leur accomplissement.
1.46
Et Marie dit: Mon âme exalte le Seigneur,
1.47
Et mon esprit se réjouit en Dieu, mon Sauveur,

1.48
Parce qu'il a jeté les yeux sur la bassesse de sa servante. Car voici, désormais toutes les générations me diront bienheureuse,
1.49
Parce que le Tout Puissant a fait pour moi de grandes choses. Son nom est saint,
1.50
Et sa miséricorde s'étend d'âge en âge Sur ceux qui le craignent.
1.51
Il a déployé la force de son bras; Il a dispersé ceux qui avaient dans le coeur des pensées orgueilleuses.
1.52
Il a renversé les puissants de leurs trônes, Et il a élevé les humbles.
1.53
Il a rassasié de biens les affamés, Et il a renvoyé les riches à vide.
1.54
Il a secouru Israël, son serviteur, Et il s'est souvenu de sa miséricorde, -
1.55
Comme il l'avait dit à nos pères, -Envers Abraham et sa postérité pour toujours.
1.56
Marie demeura avec Élisabeth environ trois mois. Puis elle retourna chez elle.
1.57
Le temps où Élisabeth devait accoucher arriva, et elle enfanta un fils.
1.58
Ses voisins et ses parents apprirent que le Seigneur avait fait éclater envers elle sa miséricorde, et ils se réjouirent avec elle.
1.59
Le huitième jour, ils vinrent pour circoncire l'enfant, et ils l'appelaient Zacharie, du nom de son père.
1.60
Mais sa mère prit la parole, et dit: Non, il sera appelé Jean.
1.61
Ils lui dirent: Il n'y a dans ta parenté personne qui soit appelé de ce nom.

1.62

Et ils firent des signes à son père pour savoir comment il voulait qu'on l'appelle.

1.63

Zacharie demanda des tablettes, et il écrivit: Jean est son nom. Et tous furent dans l'étonnement.

1.64

Au même instant, sa bouche s'ouvrit, sa langue se délia, et il parlait, bénissant Dieu.

1.65

La crainte s'empara de tous les habitants d'alentour, et, dans toutes les montagnes de la Judée, on s'entretenait de toutes ces choses.

1.66

Tous ceux qui les apprirent les gardèrent dans leur coeur, en disant: Que sera donc cet enfant? Et la main du Seigneur était avec lui.

1.67

Zacharie, son père, fut rempli du Saint Esprit, et il prophétisa, en ces mots:

1.68

Béni soit le Seigneur, le Dieu d'Israël, De ce qu'il a visité et racheté son peuple,

1.69

Et nous a suscité un puissant Sauveur Dans la maison de David, son serviteur,

1.70

Comme il l'avait annoncé par la bouche de ses saints prophètes des temps anciens, -

1.71

Un Sauveur qui nous délivre de nos ennemis et de la main de tous ceux qui nous haïssent!

1.72

C'est ainsi qu'il manifeste sa miséricorde envers nos pères, Et se souvient de sa sainte alliance,

1.73

Selon le serment par lequel il avait juré à Abraham, notre père,

1.74

De nous permettre, après que nous serions délivrés de la main de nos ennemis, De le servir sans crainte,

1.75

En marchant devant lui dans la sainteté et dans la justice tous les jours de notre vie.

1.76

Et toi, petit enfant, tu seras appelé prophète du Très Haut; Car tu marcheras devant la face du Seigneur, pour préparer ses voies,

1.77

Afin de donner à son peuple la connaissance du salut Par le pardon de ses péchés,

1.78

Grâce aux entrailles de la miséricorde de notre Dieu, En vertu de laquelle le soleil levant nous a visités d'en haut,

1.79

Pour éclairer ceux qui sont assis dans les ténèbres et dans l'ombre de la mort, Pour diriger nos pas dans le chemin de la paix.

1.80

Or, l'enfant croissait, et se fortifiait en esprit. Et il demeura dans les déserts, jusqu'au jour où il se présenta devant Israël.

Luc 2

2.1

En ce temps-là parut un édit de César Auguste, ordonnant un recensement de toute la terre.

2.2

Ce premier recensement eut lieu pendant que Quirinius était gouverneur de Syrie.

2.3

Tous allaient se faire inscrire, chacun dans sa ville.

2.4

Joseph aussi monta de la Galilée, de la ville de Nazareth, pour se rendre en Judée, dans la ville de David, appelée Bethléhem, parce qu'il était de la maison et de la famille de David,

2.5

Afin de se faire inscrire avec Marie, sa fiancée, qui était enceinte.

2.6

Pendant qu'ils étaient là, le temps où Marie devait accoucher arriva,

2.7

et elle enfanta son fils premier-né. Elle l'emmaillota, et le coucha dans une crèche, parce qu'il n'y avait pas de place pour eux dans l'hôtellerie.

2.8

Il y avait, dans cette même contrée, des bergers qui passaient dans les champs les veilles de la nuit pour garder leurs troupeaux.

2.9

Et voici, un ange du Seigneur leur apparut, et la gloire du Seigneur resplendit autour d'eux. Ils furent saisis d'une grande frayeur.

2.10

Mais l'ange leur dit: Ne craignez point; car je vous annonce une bonne nouvelle, qui sera pour tout le peuple le sujet d'une grande joie:

2.11

C'est qu'aujourd'hui, dans la ville de David, il vous est né un Sauveur, qui est le Christ, le Seigneur.

2.12

Et voici à quel signe vous le reconnaîtrez: vous trouverez un enfant emmailloté et couché dans une crèche.

2.13

Et soudain il se joignit à l'ange une multitude de l'armée céleste, louant Dieu et disant:

2.14

Gloire à Dieu dans les lieux très hauts, Et paix sur la terre parmi les hommes qu'il agrée!

2.15

Lorsque les anges les eurent quittés pour retourner au ciel, les bergers se dirent les uns aux autres: Allons jusqu'à Bethléhem, et voyons ce qui est arrivé, ce que le Seigneur nous a fait connaître.

2.16

Ils y allèrent en hâte, et ils trouvèrent Marie et Joseph, et le petit enfant couché dans la crèche.

2.17

Après l'avoir vu, ils racontèrent ce qui leur avait été dit au sujet de ce petit enfant.

2.18

Tous ceux qui les entendirent furent dans l'étonnement de ce que leur disaient les bergers.

2.19

Marie gardait toutes ces choses, et les repassait dans son coeur.

2.20

Et les bergers s'en retournèrent, glorifiant et louant Dieu pour tout ce qu'ils avaient entendu et vu, et qui était conforme à ce qui leur avait été annoncé.

2.21

Le huitième jour, auquel l'enfant devait être circoncis, étant arrivé, on lui donna le nom de Jésus, nom qu'avait indiqué l'ange avant qu'il fût conçu dans le sein de sa mère.

2.22

Et, quand les jours de leur purification furent accomplis, selon la loi de Moïse, Joseph et Marie le portèrent à Jérusalem, pour le présenter au Seigneur, -

2.23

Suivant ce qui est écrit dans la loi du Seigneur: Tout mâle premier-né sera consacré au Seigneur, -

2.24

Et pour offrir en sacrifice deux tourterelles ou deux jeunes pigeons, comme cela est prescrit dans la loi du Seigneur.

2.25

Et voici, il y avait à Jérusalem un homme appelé Siméon. Cet homme était juste et pieux, il attendait la consolation d'Israël, et l'Esprit Saint était sur lui.

2.26

Il avait été divinement averti par le Saint Esprit qu'il ne mourrait point avant d'avoir vu le Christ du Seigneur.

2.27

Il vint au temple, poussé par l'Esprit. Et, comme les parents apportaient le petit enfant Jésus pour accomplir à son égard ce qu'ordonnait la loi,

2.28

Il le reçut dans ses bras, bénit Dieu, et dit:

2.29

Maintenant, Seigneur, tu laisses ton serviteur S'en aller en paix, selon ta parole.

2.30

Car mes yeux ont vu ton salut,

2.31

Salut que tu as préparé devant tous les peuples,

2.32

Lumière pour éclairer les nations, Et gloire d'Israël, ton peuple.

2.33

Son père et sa mère étaient dans l'admiration des choses qu'on disait de lui.

2.34

Siméon les bénit, et dit à Marie, sa mère : Voici, cet enfant est destiné à amener la chute et le relèvement de plusieurs en Israël, et à devenir un signe qui provoquera la contradiction,

2.35

et à toi-même une épée te transpercera l'âme, afin que les pensées de beaucoup de coeurs soient dévoilées.

2.36

Il y avait aussi une prophétesse, Anne, fille de Phanuel, de la tribu d'Aser. Elle était fort avancée en âge, et elle avait vécu sept ans avec son mari depuis sa virginité.

2.37

Restée veuve, et âgée de quatre-vingt-quatre ans, elle ne quittait pas le temple, et elle servait Dieu nuit et jour dans le jeûne et dans la prière.

2.38

Étant survenue, elle aussi, à cette même heure, elle louait Dieu, et elle parlait de Jésus à tous ceux qui attendaient la délivrance de Jérusalem.

2.39

Lorsqu'ils eurent accompli tout ce qu'ordonnait la loi du Seigneur, Joseph et Marie retournèrent en Galilée, à Nazareth, leur ville.

2.40

Or, l'enfant croissait et se fortifiait. Il était rempli de sagesse, et la grâce de Dieu était sur lui.

2.41

Les parents de Jésus allaient chaque année à Jérusalem, à la fête de Pâque.

2.42
Lorsqu'il fut âgé de douze ans, ils y montèrent, selon la coutume de la fête.
2.43
Puis, quand les jours furent écoulés, et qu'ils s'en retournèrent, l'enfant Jésus resta à Jérusalem. Son père et sa mère ne s'en aperçurent pas.
2.44
Croyant qu'il était avec leurs compagnons de voyage, ils firent une journée de chemin, et le cherchèrent parmi leurs parents et leurs connaissances.
2.45
Mais, ne l'ayant pas trouvé, ils retournèrent à Jérusalem pour le chercher.
2.46
Au bout de trois jours, ils le trouvèrent dans le temple, assis au milieu des docteurs, les écoutant et les interrogeant.
2.47
Tous ceux qui l'entendaient étaient frappés de son intelligence et de ses réponses.
2.48
Quand ses parents le virent, ils furent saisis d'étonnement, et sa mère lui dit: Mon enfant, pourquoi as-tu agi de la sorte avec nous? Voici, ton père et moi, nous te cherchions avec angoisse.
2.49
Il leur dit: Pourquoi me cherchez-vous ? Ne saviez-vous pas qu'il faut que je m'occupe des affaires de mon Père ?
2.50
Mais ils ne comprirent pas ce qu'il leur disait.
2.51
Puis il descendit avec eux pour aller à Nazareth, et il leur était soumis. Sa mère gardait toutes ces choses dans son cœur.
2.52
Et Jésus croissait en sagesse, en stature, et en grâce, devant Dieu et devant les hommes.

B- **Les enseignements et les miracles de Jésus-Christ avaient pour objectifs de procurer la paix aux hommes.**

Jésus-Christ a fait beaucoup de miracles de guérisons, de délivrances, dans la vie de plusieurs personnes en son temps et ces miracles ont procuré la paix dans les corps de ces personnes, lisons dans L'évangile de Matthieu chapitre 4 ;

Matthieu 4

4.23

Jésus parcourait toute la Galilée, enseignant dans les synagogues, prêchant la bonne nouvelle du royaume, et guérissant toute maladie et toute infirmité parmi le peuple.

4.24

Sa renommée se répandit dans toute la Syrie, et on lui amenait tous ceux qui souffraient de maladies et de douleurs de divers genres, des démoniaques, des lunatiques, des paralytiques; et il les guérissait.

4.25

Une grande foule le suivit, de la Galilée, de la Décapole, de Jérusalem, de la Judée, et d'au-delà du Jourdain. Mais la paix la plus importante que Jésus-Christ veut donner aux hommes c'est la paix de l'homme avec Dieu son créateur. Selon qu'il est écrit dans Jean 3 à 18,

3.16

Car Dieu a tant aimé le monde qu'il a donné son Fils unique, afin que quiconque croit en lui ne périsse point, mais qu'il ait la vie éternelle.

Car Dieu a tant aimé le monde qu'il a donné son Fils unique, afin que quiconque croit en lui ne périsse point, mais qu'il ait la vie éternelle.

3.17

Dieu, en effet, n'a pas envoyé son Fils dans le monde pour qu'il juge le monde, mais pour que le monde soit sauvé par lui.

3.18

Celui qui croit en lui n'est point jugé; mais celui qui ne croit pas est déjà jugé, parce qu'il n'a pas cru au nom du Fils unique de Dieu.
Il dit encore dans : Jean 8

8.12

Je suis la lumière du monde; celui qui me suit ne marchera pas dans les ténèbres, mais il aura la lumière de la vie.

Jean 11

11.25

Je suis la résurrection et la vie. Celui qui croit en moi vivra, quand même il serait mort;

11.26

Et quiconque vit et croit en moi ne mourra jamais. Crois-tu cela?

11.27

Elle lui dit: Oui, Seigneur, je crois que tu es le Christ, le Fils de Dieu, qui devait venir dans le monde.

Conclusion la règle d'or de Jésus-Christ.

Matthieu 7

7.12

Tout ce que vous voulez que les hommes fassent pour vous, faites-le de même pour eux, car c'est la loi et les prophètes.

-Voulons-nous être en bonne santé ? Alors souhaitons que les autres aussi soient en bonne santé.

-Voulons que qu'on nous honore dans nos interactions avec les autres ? Alors apprenons aussi à honore les autres.

-Voulons nous que les autres respectent notre religion ? Alors respectons aussi la religion des autres.

-voulons nous qu'on voir nos peuples heureux et jouir de tous leurs droits ? Alors souhaitons-le aussi pour les autres peuples.

-Voulons nous gagner dans nos affaires avec les autres ? Alors qu'on souhaite la même chose pour les autres.

-Voulons nous voir notre pays se développer ? Alors il faut aussi le souhaiter pour les autres.

- Voulons-nous avoir un pays prospère ? Alors il faut aussi le souhaiter pour les autres.

- Voulons-nous que notre peuple soir en paix ? Alors il faut le souhaiter pour les autres.

-Voulons-nous être libre ? Alors il faut souhaiter la liberté pour les autres.

-Voulons-nous être heureux ? Alors il faut sauter le bonheur pour les autres.

Si nous pratiquons cette règle d'or dans notre monde c'est sûr que nous pourrions espérer vivre en paix avec les autres.

101 pensées en faveur de la paix dans le monde.

1- Si nos dirigeants dans ce 21e siècle, ne sont pas capables ; de trouver une solution pacifique à un conflit qui peut engendrer, une troisième guerre mondiale, capable de détruire toute l'existence humaine, le 21e siècle, est le siècle le plus nul. Raoul Osborn

2- Ni Dieu, ni Satan, mais c'est toujours l'homme lui-même qui détruit le monde à cause de son orgueil, sa méchanceté et son égoïsme. Raoul Osborn

3- Depuis la nuit des temps, les plus grandes guerres ont toujours été créés par ceux qui se disent les maîtres du monde, et la rhétorique est toujours la même faire la guerre aux autres pour les déposséder de leurs biens. Raoul Osborn

4- Le monde, souffre de deux maux : « Le réchauffement climatique, et le réchauffement politique », pour refroidir le climat politique, il suffit de revoir tous les anciens systèmes, et d'apporter des aménagements, et d'aller sur des bases qui profitent à tous. Raoul Osborn

5- Celui qui veut vivre du salaire des crimes, crée des lois qui protègent les criminels. Raoul Osborn

6- L'un des plus grands crimes, est de créer des lois qui protègent ceux qui commettent des crimes. Raoul Osborn

7- Avant que le regret causé par la bêtise humaine, c'est-a-dire la guerre nucléaire; ne se déclenche, il serait nécessaire que ceux qui font la guerre contre l'Ukraine; et ceux qui soutiennent l'Ukraine, aillent à des pourparlers de paix. Raoul Osborn

8- La meilleure façon de garder, notre coopération avec les autres peuples du monde, c'est de regarder les autres peuples, avec les lunettes d'aujourd'hui. Raoul Osborn

9- Quand le changement peut faire avancer le monde, il faut l'accepter. Raoul Osborn

10- Ceux qui veulent tout avoir et par tous les moyens à leurs dispositions, deviennent toujours des problèmes pour les autres. Raoul Osborn

11- L'erreur est humaine, mais il faudra éviter de faire l'erreur qui va conduire le monde dans une troisième guerre mondiale. Raoul Osborn

12- L'une des choses les plus absurdes de notre époque c'est de vouloir la confrontation militaire entre les grandes puissances. Raoul Osbor

13- La folie de l'Homme a causé le déluge, la folie de l'Homme a causé la destruction de Sodome et de Gomorrhe par le feu descendu du ciel il faut faire, attention à cette guerre en Ukraine qui est en train de prendre une tournure de folie. Raoul Osborn

14- Notre monde n'est pas un monde de guerre mais si les guerres existent c'est parce que c'est nous-mêmes qui les créons. Raoul Osborn

15- La vie, la paix, l'amour pour soi et l'amour du prochain, sont des trésors inestimables dont nous devons prendre soin. Raoul Osborn

16- Celui qui aime vraiment son peuple cherche à faire la paix avec les autres peuples. Raoul Osborn

17- Dans notre monde moderne d'aujourd'hui le mot guerre devait être un mot utilisé pour le passé. Raoul Osborn

18- On ne peut pas prétendre, avoir une bonne pensée pour l'avenir de notre monde, et en même temps chercher à tout prix à entraîner le monde dans une troisième guerre mondiale ! Raoul Osborn

19- Le monde doit sortir de l'endormissement, et dire non à une troisième guerre mondiale que veulent créer ceux qui n'ont plus d'espoir de vivre. Raoul Osborn

20- On ne peut pas comprendre qu'au 21e siècle nos dirigeants manquent de leadership transformationnel, car comment peut-on comprendre qu'une troisième guerre mondiale est en train de naître et pas de solution diplomatique pour y mettre fin ? Raoul Osborn

21- Chacun doit laisser son orgueil et son égoïsme, et parvenir à un règlement pacifique dans la guerre en Ukraine si on aime vraiment notre planète. Raoul Osborn

22- On ne cherche pas de vainqueur dans une guerre qui fait de nombreux morts et de déplacés, ce qu'on recherche c'est le retour à la paix. Raoul Osborn

23- De mêmes, que les catastrophes naturelles frappent tous les pays de la planète sans exceptions, si la guerre en Ukraine ne cesse, dans l'avenir cette guerre pourra toucher, le sol de n'importe quel pays dans le monde. Raoul Osborn

24- La vérité est qu'il faut chercher à régler pacifiquement la guerre en Ukraine, car si cette guerre prend une tournure mondiale, n'importe quel pays de la planète va payer de lourds tributs. Raoul Osborn.

25- Dans ce 21e siècle si nos dirigeants n'ont pas la capacité de trouver une solution pacifique à une guerre qui peut se généraliser c'est tout simplement une manière de dire qu'ils n'ont pas de bonnes pensées concernant l'avenir de notre terre. Raoul Osborn.

26- Dans l'histoire des surprises désagréables ont fait chuter des empires qui se croyaient invulnérables et intouchables. Le mieux c'est de chercher à régler pacifiquement la guerre en Ukraine que de préparer la 3e guerre mondiale. Raoul Osborn.

27- Un monde sans paix est un cauchemar ! Raoul Osborn.

28- Le monde appartient à tous ceux qui l'habite, le monde n'appartient pas à seul groupe racial, ou à un seul peuple, donc évitons, de stigmatiser ou de créer la haine contre d'autres groupes qui ont les mêmes droits que nous. Raoul Osborn

29- Que Dieu bénisse tous ceux qui dans ce siècle tiennent des réunions pour conduire le monde dans la paix. . Raoul Osborn

30- L'une des absurdités dans notre monde, c'est toujours ceux qui pensent que le monde leur appartient, et qui pensent qu'ils doivent faire du monde ce qu'ils veulent. Raoul Osborn

31- La victoire n'est pas de toujours gagner une guerre, mais de savoir aussi accepter sa défaite, et d'aller à la paix afin de donner la chance à ceux qui ne sont pas morts dans la guerre de vivre. Raoul Osborn

32- Le mal dans notre monde, c'est que les grandes puissances au lieu de promouvoir, la sécurité des habitants de la terre, ne font que ce faire la guerre sous plusieurs formes. Quelle honte, car avec tout ça on parle de l'homme du 21e siècle ! Raoul Osborn

33- Pour éviter que le monde ne bascule à nouveau, dans une autre guerre mondiale, il faut que chacun de nous, réexamine les causes des précédentes guerres. Raoul Osborn

34- Si chacun de nous disait en lui-même : «Que dois-je faire pour rendre mon prochain heureux, notre monde serait bâti sur le respect des droits de l'homme, l'amour et le partage». Raoul Osborn

35- Dans notre monde dire la vérité, nous expose à trois épreuves : "La persécution, la prison, ou la mort. “Raoul Osborn.

36- Il faudra supprimer les embargos sur la nourriture, les médicaments et produits de premières nécessités, car à cause de quelques individus qu'on veut sanctionner dans un pays, tout le peuple souffre, et il ya en même qui meurent. Raoul Osborn

37- Le point faible de celui qui a les armes, est d'utiliser ses armes pour dominer le plus faible. Raoul Osborn

38- Dans l'histoire de l'humanité, les guerres à l'échelle mondiale sont toujours initiées par ceux qui veulent soumettre le monde à leur volonté. Raoul Osborn

39- Est ce qu'on peut parler de l'homme moderne, quand les mêmes atrocités commises au moyen âge, existent dans notre ère, et touchent à toutes les couches sociales, dans tous les continents ? Raoul Osborn

40- Les hommes politiques africains, la jeunesse africaine ; les religieux africains et les groupes ethniques africains, doivent comprendre, qu'on peut faire la politique sans faire la guerre. Raoul

43- Dans le passé des gens ont fait la guerre, pour obtenir par la force ce dont ils avaient besoin. Aujourd'hui la négociation est la meilleure voie pour obtenir ce dont on a besoin. Raoul Osborn

44- Empêchez les autres d'être libres à cause de nos propres intérêts, est un crime contre l'humanité. Raoul Osborn

45- Ce que certains d'entre nous, ne comprennent pas encore est que le racisme, ne rabaisse pas celui qui est victime du racisme mais plutôt rabaisse, celui qui le pratique, car ce dernier ignore qu'il méprise un être semblable comme lui. Raoul Osborn

46- Le virus, du racisme doit être combattu avec une grande fermeté, afin que certains peuples retrouvent leur dignité. Raoul Osborn

47- La fin du monde est une réalité, mais que certaines personnes dans ce monde cessent de créer des fins du monde artificiels, à partir des expérimentations dangereuses dans les laboratoires; car des virus peuvent s'échapper et créer une confusion planétaire .Raoul Osborn

48- Le problème de l'homme, quand il a le pouvoir il déteste la vérité; lorsqu'on lui dit la vérité, il ne se retient pas a utiliser son pouvoir pour jeter en prison, voire tuer et aller contre les droits de l'homme sans aucun remords. Raoul Osborn

49- Il y a eu une erreur commise dans le passé, c'est que des peuples, se sont enrichis ou ont étendu leurs dominations sur d'autres peuples par les guerres. L'homme du siècle présent, est en train de rééditer ces mêmes erreurs. Raoul Osborn

50- Dans les circonstances où l'on a pensé que la guerre pouvait résoudre le problème, l'on a constaté que la guerre, n'a fait qu'aggraver la situation, en faisant périr d'innocentes vies et en privant beaucoup d'enfants de leurs parents morts pendant la guerre. Raoul Osborn

51- La meilleure façon de garder, notre coopération avec les autres peuples du monde, c'est de regarder les autres peuples, avec les lunettes d'aujourd'hui. Raoul Osborn

52- Quand le changement peut faire avancer le monde, il faut l'accepter. Raoul Osborn

53- Notre monde n'est pas un monde de guerre mais si les guerres existent c'est parce que c'est nous-mêmes qui les créons. Raoul Osborn

54- La santé pour tous, l'éducation pour tous, l'alimentation pour tous, et la création des emplois voici les domaines dans lesquelles nos états doivent investir le plus. Raoul Osborn

55- Pendant que les peuples aspirent à la tranquillité, des dirigeants voulant satisfaire leur égo, conduisent leurs peuples dans des guerres insensées. Raoul Osborn

56- On ne peut pas prétendre, avoir une bonne pensée pour l'avenir de notre monde, et en même temps chercher à tout prix à entraîner le monde dans une troisième guerre mondiale ! Raoul Osborn

57- Le monde doit sortir de l'endormissement, et dire non à une troisième guerre mondiale que veulent créer ceux qui n'ont plus d'espoir de vivre. Raoul Osborn

58- La vie, la paix, l'amour pour soi et l'amour du prochain, sont des trésors inestimables dont nous devons prendre soin. Raoul Osborn

59- Le vrai leadership dont notre monde a besoin, c'est de voir tous les peuples émerger sur le plan industriel, économique, éducatif, scientifique et emmener tous les peuples du monde à interagir les uns avec les autres. Raoul Osborn

60- Dans ce 21e siècle, les grandes puissances, ne doivent pas se faire la guerre mais se respecter mutuellement travailler ensemble promouvoir la paix afin que tout le monde espère en un lendemain meilleur. Raoul Osborn

61- Utilisons notre intelligence pour créer la paix et non la guerre.. Raoul Osborn

62- Le mal dans notre monde, c'est que les grandes puissances au lieu de promouvoir, la sécurité des habitants de la terre, ne font que ce faire la guerre sous plusieurs formes. Quelle honte, car avec tout ça on parle de l'homme du 21e siècle ! Raoul Osborn

63- Pour éviter que le monde ne bascule à nouveau, dans une autre guerre mondiale, il faut que chacun de nous, réexamine les causes des précédentes guerres. Raoul Osborn

64- La meilleur façon que tous gagnent la guerre en Ukraine, est de trouver un moyen de l'arrêter. Raoul Osborn

65- Dans un monde où l'on, fait recours à la guerre pour avoir des intérêts est un monde déchu.

66- Dans un monde où il y a la vie seuls ceux qui n'ont plus d'espoir ; souhaitent que ce monde ; périsse.

67- Les dirigeants des grandes puissances ne doivent pas utiliser leur leadership pour se faire la guerre mais doivent utiliser leur leadership pour promouvoir la paix dans le monde. Raoul Osborn

68- Les européens doivent refuser de faire de leur continent un champ de bataille qui pourrait causer un Méga- flux migratoire, des populations européennes, vers d'autres cieux, par le dialogue entre la Russie et l'Ukraine. Raoul Osborn

69- Il faudra supprimer les embargos sur la nourriture, les médicaments et produits de premières nécessités, car souvent on commet des crimes contre l'humanité à cause de quelques individus qu'on voudrait sanctionner. Raoul Osborn

70- Dans notre monde il est temps que les grands de ce monde posent des actes qui vont emmener les faibles à se sentir en sécurité. Raoul Osborn.

71- De mêmes, que les catastrophes naturelles frappent tous les pays de la planète sans exceptions, si la guerre en Ukraine ne cesse, dans l'avenir cette guerre pourra toucher, le sol de n'importe quel pays dans le monde. Raoul Osborn.

71- Chacun doit laisser son orgueil et son égoïsme, et parvenir à un règlement pacifique dans la guerre en Ukraine si on aime vraiment notre planète. Raoul Osborn.

72- Au 21e siècle voter des budgets énormes pour soutenir des guerres qu'on peut régler diplomatiquement, montre combien de fois, le monde va à la dérive. Raoul Osborn.

73- Dans notre monde, seuls les conflits d'intérêts, emmènent les hommes a justifier l'injustice pour se satisfaire. Raoul Osborn.

74- Le racisme, doit être compté parmi les maladies psychologiques, car il peut pousser à la violence à l'injustice et même au crime. Raoul Osborn.

75-Tous veulent être libres, car la liberté est un préalable pour le bien-être, et le développement. Raoul Osborn.

76- Il est possible d'avoir beaucoup d'armes dans le monde, sans faire la guerre. Raoul Osborn.

77- Dans les circonstances où l'on a pensé que la guerre pouvait résoudre le problème, l'on a constaté que la guerre, n'a fait qu'aggraver la situation, en faisant périr d'innocentes vies et en privant beaucoup d'enfants de leurs parents morts pendant la guerre. Raoul Osborn.

78- Nous sommes tous à la recherche d'intérêts, mais il ne faudrait pas que la recherche d'intérêts, nous emmène à faire la guerre comme si c'était le seul moyen de rechercher les intérêts. Raoul Osborn.

79- Tous gagnerons, sur le plan économique dans le monde si nous privilégions, la négociation et si nous développons de bonnes relations, dans nos interactions avec les autres. Raoul Osborn.

80- Les hommes doivent comprendre que c'est ridicule de faire les guerres, à cause du pétrole, de l'or et des matières premières. Car on peut éviter toutes ces guerres qui causent des morts, des orphelins et des détresses dans le monde, par des négociations. Raoul Osborn.

81- Quoi de plus beau, que la recherche de la paix dans le monde, entre les peuples ; et quoi de plus ridicule, pour les hommes, de toujours s'orienter vers la guerre qui cause la tristesse, l'angoisse et le désespoir pour notre monde. Raoul Osborn.

82-Aujourd'hui, personne, ne veut d'une guerre de grande envergure ; ce que les hommes, les femmes, et les enfants désirent c'est un monde de paix, un monde où on peut travailler librement, voyager librement, et étudier librement, un monde où règne l'amour vrai. Raoul Osborn.

83-La guerre, produit la mort la tristesse, l'angoisse et le désarroi, dans les familles; et même quand on gagne la guerre, que l'on sache que les hommes, morts dans la guerre, du côté ami ou ennemi sont des êtres créés à l'image de Dieu. Raoul Osborn.

84-Nous avons toujours critiqué, ceux qui dans le passé se sont livrés, à des guerres absurdes aujourd'hui quand on observe les hommes dans leur manière d'agir on constate que l'on veut répéter les mêmes absurdités. Raoul Osborn.

85-C'est Dieu qui nous donne la vie sans notre contribution, mais quant aux autres aspects de la vie: Le succès le bien-être et la réussite, nous devons y apporter notre contribution. Raoul Osborn.

86 La meilleure façon de vivre dans notre monde, c'est de prendre un bon risque, cela vaut la peine. Car si nous doutons de tout et de rien, nous ne croirons plus en rien et nous ne ferons plus rien. Et aucun exploit ne se sera jamais réalisé. Raoul Osborn.

87-Certains n'ont pas encore compris que le temps, où les pirates attaquaient les navires marchands est révolu, certains n'ont pas encore compris que l'esclavage a été aboli, et d'autres encore que tous les peuples soient maintenant indépendants. Raoul Osborn.

88-Le respect de l'homme par l'homme, est le socle du respect des droits de l'homme. Raoul Osborn.

89-Si nous ne faisons pas attention, nos nombreuses guerres dans le monde, risquent de nous faire rétrograder, à l'âge de la pierre taillée. Raoul Osborn.

90-Ceux qui pensent que la réussite est faite pour eux seuls, ont toujours de la haine de la jalousie et du mépris, pour les autres qui réussissent comme eux. Raoul Osborn.

91-En nous, il y a une seule et unique force, que nous pouvons utiliser soit: «Pour faire des choses utiles, ou soit pour faire des choses inutiles", dont notre avenir en dépendra .Raoul Osborn.

92-Quand on cherche à avancer, et qu'on n'y parvient pas, ce n'est pas, parce qu'on ne peut pas avancer, il faut changer de stratégie pour avancer. Raoul Osborn.

93-Les dirigeants de certains peuples doivent créer des cellules de sensibilisations dans leurs pays et toucher toute la population afin d'emmener les uns et les autres à comprendre que le temps de la barbarie est passé. Raoul Osborn.

94-Relevons tous un défi dans ce siècle le défi de mettre un terme à la guerre. Raoul Osborn.

95-Les guerres de grandes envergures doivent à tout prix être évitées pour la survie de la planète. Raoul Osborne.

96-l'abaissement de l'homme fasse au matériel est la gangrène dont souffre notre monde car en réalité les guerres dans le monde sentent toujours une odeur d'alliages pétrole et cacao et d'autres objets précieux. Raoul Osborn.

97-Pour qu'il y ait une véritable paix dans le monde il faudrait que les hommes fassent l'inverse des choses c'est à dire que les hommes doivent placer la valeur de l'homme au- dessus du matériel et la valeur du matériel au- dessous de l'homme. Raoul Osborn.

98-Quand il y aura une paix réelle entre les grandes puissances de ce monde dans leurs interactions les unes avec les autres alors on pourra espérer à une paix totale entre tous les peuples de la terre. Raoul Osborn.

99-La différence entre les hommes et les animaux est très large, car les hommes ont l'intelligence très développée, l'esprit de créativité, une conscience, et la connaissance du bien et du mal. Utilisons toutes ces qualités pour bâtir la paix dans le monde. Raoul Osborn.

100-Les droits de l'homme sont au-dessus de la couleur de la peau, de notre personnalité, de notre position sociale et de notre appartenance religieuse. Que tous sans exception les respectent. Raoul Osborn.

101-Le son de la trompette qui annonce le début de la guerre afflige les cœurs, mais le son de la trompette qui annonce la fin d'une guerre réjouit les cœurs. Raoul Osborn

Des versets bibliques pour avoir la paix du cœur avec Dieu.

Esaïe 53

53.1

Qui a cru à ce qui nous était annoncé ? Qui a reconnu le bras de l'Éternel?

53.2

Il s'est élevé devant lui comme une faible plante, Comme un rejeton qui sort d'une terre desséchée ; Il n'avait ni beauté, ni éclat pour attirer nos regards, Et son aspect n'avait rien pour nous plaire.

53.3

Méprisé et abandonné des hommes, Homme de douleur et habitué à la souffrance, Semblable à celui dont on détourne le visage, Nous l'avons dédaigné, nous n'avons fait de lui aucun cas.

53.4

Cependant, ce sont nos souffrances qu'il a portées, C'est de nos douleurs qu'il s'est chargé; Et nous l'avons considéré comme puni, Frappé de Dieu, et humilié.

53.5

Mais il était blessé pour nos péchés, Brisé pour nos iniquités; Le châtiment qui nous donne la paix est tombé sur lui, Et c'est par ses meurtrissures que nous sommes guéris.

53.6

Nous étions tous errants comme des brebis, Chacun suivait sa propre voie; Et l'Éternel a fait retomber sur lui l'iniquité de nous tous.

53.7

Il a été maltraité et opprimé, Et il n'a point ouvert la bouche, Semblable à un agneau qu'on mène à la boucherie, A une brebis muette devant ceux qui la tondent; Il n'a point ouvert la bouche.

53.8

Il a été enlevé par l'angoisse et le châtiment; Et parmi ceux de sa génération, qui a cru Qu'il était retranché de la terre des vivants Et frappé pour les péchés de mon peuple?

53.9

On a mis son sépulcre parmi les méchants, Son tombeau avec le riche, Quoiqu'il n'eût point commis de violence Et qu'il n'y eût point de fraude dans sa bouche.

53.10
Il a plu à l'Éternel de le briser par la souffrance... Après avoir livré sa vie en sacrifice pour le péché, Il verra une postérité et prolongera ses jours; Et l'oeuvre de l'Éternel prospérera entre ses mains.
53.11
A cause du travail de son âme, il rassasiera ses regards; Par sa connaissance mon serviteur juste justifiera beaucoup d'hommes, Et il se chargera de leurs iniquités.
53.12
C'est pourquoi je lui donnerai sa part avec les grands; Il partagera le butin avec les puissants, Parce qu'il s'est livré lui-même à la mort, Et qu'il a été mis au nombre des malfaiteurs, Parce qu'il a porté les péchés de beaucoup d'hommes, Et qu'il a intercédé pour les coupables.

Galates 3

3.13
Christ nous a rachetés de la malédiction de la loi, étant devenu malédiction pour nous-car il est écrit: Maudit est quiconque est pendu au bois,
3.14
Afin que la bénédiction d'Abraham eût pour les païens son accomplissement en Jésus Christ, et que nous reçussions par la foi l'Esprit qui avait été promis.

Jean 3

3.16
Car Dieu a tant aimé le monde qu'il a donné son Fils unique, afin que quiconque croit en lui ne périsse point, mais qu'il ait la vie éternelle.
Romains 10
10.9
Si tu confesses de ta bouche le Seigneur Jésus, et si tu crois dans ton cœur que Dieu l'a ressuscité des morts, tu seras sauvé.
10.10
Car c'est en croyant du cœur qu'on parvient à la justice, et c'est en confessant de la bouche qu'on parvient au salut, selon ce que dit l'Écriture:
10.11
Quiconque croit en lui ne sera point confus.

10.12

Il n'y a aucune différence, en effet, entre le Juif et le Grec, puisqu'ils ont tous un même Seigneur, qui est riche pour tous ceux qui l'invoquent.

10.13

Car quiconque invoquera le nom du Seigneur sera sauvé.

Romains 8

8.1

Il n'y a donc maintenant aucune condamnation pour ceux qui sont en Jésus Christ

Colossiens 2

2.14

Il a effacé l'acte dont les ordonnances nous condamnaient et qui subsistait contre nous, et il l'a détruit en le clouant à la croix;

2.15

Il a dépouillé les dominations et les autorités, et les a livrées publiquement en spectacle, en triomphant d'elles par la croix.

Romains 5

5.1

Étant donc justifiés par la foi, nous avons la paix avec Dieu par notre Seigneur Jésus Christ,

Un psaume spécial pour toi le psaume 119.

Psaumes 119

119.1

Heureux ceux qui sont intègres dans leur voie, Qui marchent selon la loi de l'Éternel !

119.2

Heureux ceux qui gardent ses préceptes, Qui le cherchent de tout leur cœur,

119.3

Qui ne commettent point d'iniquité, Et qui marchent dans ses voies !

119.4

Tu as prescrit tes ordonnances, Pour qu'on les observe avec soin.

119.5

Puissent mes actions être bien réglées, Afin que je garde tes statuts !

119.6

Alors je ne rougirai point, A la vue de tous tes commandements.

119.7

Je te louerai dans la droiture de mon cœur, En apprenant les lois de ta justice.

119.8

Je veux garder tes statuts: Ne m'abandonne pas entièrement!

119.9

Comment le jeune homme rendra-t-il pour son sentier ? En se dirigeant d'après ta parole.

119.10

Je te cherche de tout mon cœur: Ne me laisse pas égarer loin de tes commandements!

119.11

Je serre ta parole dans mon cœur, Afin de ne pas pécher contre toi.

119.12

Béni sois-tu, ô Éternel ! Enseigne-moi tes statuts !

119.13

De mes lèvres j'énumère Toutes les sentences de ta bouche.

119.14

Je me réjouis en suivant tes préceptes, Comme si je possédais tous les trésors.

119.15

Je médite tes ordonnances, J'ai tes sentiers sous les yeux.

119.16

Je fais mes délices de tes statuts, Je n'oublie point ta parole.

119.17

Fais du bien à ton serviteur, pour que je vive Et que j'observe ta parole !

119.18

Ouvre mes yeux, pour que je contemple Les merveilles de ta loi !

119.19

Je suis un étranger sur la terre: Ne me cache pas tes commandements!

119.20

Mon âme est brisée par le désir Qui toujours la porte vers tes lois.

119.21

Tu menaces les orgueilleux, ces maudits, Qui s'égarent loin de tes commandements.

119.22

Décharge-moi de l'opprobre et du mépris ! Car j'observe tes préceptes.

119.23

Des princes ont beau s'asseoir et parler contre moi, Ton serviteur médite tes statuts.

119.24

Tes préceptes font mes délices, Ce sont mes conseillers.

119.25

Mon âme est attachée à la poussière: Rends-moi la vie selon ta parole!

119.26

Je raconte mes voies, et tu m'exauces: Enseigne-moi tes statuts!

119.27

Fais-moi comprendre la voie de tes ordonnances, Et je méditerai sur tes merveilles !

119.28

Mon âme pleure de chagrin: Relève-moi selon ta parole!

119.29

Éloigne de moi la voie du mensonge, Et accorde-moi la grâce de suivre ta loi !

119.30

Je choisis la voie de la vérité, Je place tes lois sous mes yeux.

119.31

Je m'attache à tes préceptes: Éternel, ne me rends point confus!

119.32

Je cours dans la voie de tes commandements, Car tu élargis mon cœur.

119.33

Enseigne-moi, Éternel, la voie de tes statuts, pour que je la retienne jusqu'à la fin !

119.34

Donne-moi l'intelligence, pour que je garde ta loi Et que je l'observe de tout mon cœur !

119.35

Conduis-moi dans le sentier de tes commandements ! Car je l'aime.

119.36

Incline mon cœur vers tes préceptes, Et non vers le gain !

119.37

Détourne mes yeux de la vue des choses vaines, Fais-moi vivre dans ta voie !

119.38

Accomplis envers ton serviteur ta promesse, Qui est pour ceux qui te craignent !

119.39

Éloigne de moi l'opprobre que je redoute ! Car tes jugements sont pleins de bonté.

119.40

Voici, je désire pratiquer tes ordonnances: Fais-moi vivre dans ta justice!

119.41

Éternel, que ta miséricorde vienne sur moi, Ton salut selon ta promesse !

119.42

Et je pourrai répondre à celui qui m'outrage, Car je me confie en ta parole.

119.43

N'ôte pas entièrement de ma bouche la parole de la vérité ! Car j'espère en tes jugements.

119.44

Je garderai ta loi constamment, A toujours et à perpétuité.

119.45

Je marcherai au large, Car je recherche tes ordonnances.

119.46

Je parlerai de tes préceptes devant les rois, Et je ne rougirai point.

119.47

Je fais mes délices de tes commandements. Je les aime.

119.48

Je lève mes mains vers tes commandements que j'aime, Et je veux méditer tes statuts.

119.49

Souviens-toi de ta promesse à ton serviteur, Puisque tu m'as donné l'espérance !

119.50

C'est ma consolation dans ma misère, Car ta promesse me rend la vie.

119.51

Des orgueilleux me chargent de railleries; Je ne m'écarte point de ta loi.

119.52

Je pense à tes jugements d'autrefois, ô Éternel ! Et je me console.

119.53

Une colère ardente me saisit à la vue des méchants Qui abandonnent ta loi.

119.54

Tes statuts sont le sujet de mes cantiques, Dans la maison où je suis étranger.

119.55

La nuit je me rappelle ton nom, ô Éternel ! Et je garde ta loi.

119.56

C'est là ce qui m'est propre, Car j'observe tes ordonnances.

119.57

Ma part, ô Éternel ! je le dis, C'est de garder tes paroles.

119.58

Je t'implore de tout mon cœur: Aie pitié de moi, selon ta promesse!

119.59

Je réfléchis à mes voies, Et je dirige mes pieds vers tes préceptes.

119.60

Je me hâte, je ne diffère point D'observer tes commandements.

119.61

Les pièges des méchants m'environnent; Je n'oublie point ta loi.

119.62

Au milieu de la nuit je me lève pour te louer, A cause des jugements de ta justice.

119.63

Je suis l'ami de tous ceux qui te craignent, Et de ceux qui gardent tes ordonnances.

119.64

La terre, ô Éternel ! est pleine de ta bonté; Enseigne-moi tes statuts!

119.65

Tu fais du bien à ton serviteur, O Éternel ! selon ta promesse.

119.66

Enseigne-moi le bon sens et l'intelligence ! Car je crois à tes commandements.

119.67

Avant d'avoir été humilié, je m'égarais; Maintenant j'observe ta parole.

119.68

Tu es bon et bienfaisant; Enseigne-moi tes statuts!

119.69

Des orgueilleux imaginent contre moi des faussetés; Moi, je garde de tout mon cœur tes ordonnances.

119.70

Leur cœur est insensible comme la graisse; Moi, je fais mes délices de ta loi.

119.71

Il m'est bon d'être humilié, Afin que j'apprenne tes statuts.

119.72

Mieux vaut pour moi la loi de ta bouche Que mille objets d'or et d'argent.

119.73

Tes mains m'ont créé, elles m'ont formé; Donne-moi l'intelligence, pour que j'apprenne tes commandements!

119.74

Ceux qui te craignent me voient et se réjouissent, Car j'espère en tes promesses.

119.75

Je sais, ô Éternel ! que tes jugements sont justes; C'est par fidélité que tu m'as humilié.

119.76

Que ta bonté soit ma consolation, Comme tu l'as promis à ton serviteur !

119.77

Que tes compassions viennent sur moi, pour que je vive ! Car ta loi fait mes délices.

119.78

Qu'ils soient confondus, les orgueilleux qui m'oppriment sans cause ! Moi, je médite sur tes ordonnances.

119.79

Qu'ils reviennent à moi, ceux qui te craignent, Et ceux qui connaissent tes préceptes !

119.80

Que mon cœur soit sincère dans tes statuts, Afin que je ne sois pas couvert de honte !

119.81

Mon âme languit après ton salut; J'espère en ta promesse.

119.82

Mes yeux languissent après ta promesse; Je dis: Quand me consoleras-tu?

119.83

Car je suis comme une outre dans la fumée; Je n'oublie point tes statuts.

119.84

Quel est le nombre des jours de ton serviteur ? Quand feras-tu justice de ceux qui me persécutent ?

119.85

Des orgueilleux creusent des fosses devant moi; Ils n'agissent point selon ta loi.

119.86

Tous tes commandements ne sont que fidélité; Ils me persécutent sans cause: secours-moi!

119.87

Ils ont failli me terrasser et m'anéantir; Et moi, je n'abandonne point tes ordonnances.

119.88

Rends-moi la vie selon ta bonté, Afin que j'observe les préceptes de ta bouche !

119.89

A toujours, ô Éternel ! Ta parole subsiste dans les cieux.

119.90

De génération en génération ta fidélité subsiste; Tu as fondé la terre, et elle demeure ferme.

119.91

C'est d'après tes lois que tout subsiste aujourd'hui, Car toutes choses te sont assujetties.

119.92

Si ta loi n'eût fait mes délices, J'eusse alors péri dans ma misère.

119.93

Je n'oublierai jamais tes ordonnances, Car c'est par elles que tu me rends la vie.

119.94

Je suis à toi: sauve-moi! Car je recherche tes ordonnances.

119.95

Des méchants m'attendent pour me faire périr; Je suis attentif à tes préceptes.

119.96

Je vois des bornes à tout ce qui est parfait: Tes commandements n'ont point de limite.

119.97

Combien j'aime ta loi ! Elle est tout le jour l'objet de ma méditation.

119.98

Tes commandements me rendent plus sage que mes ennemis, Car je les ai toujours avec moi.

119.99

Je suis plus instruit que tous mes maîtres, Car tes préceptes sont l'objet de ma méditation.

119.100

J'ai plus d'intelligence que les vieillards, Car j'observe tes ordonnances.

119.101

Je retiens mon pied loin de tout mauvais chemin, Afin de garder ta parole.

119.102

Je ne m'écarte pas de tes lois, Car c'est toi qui m'enseignes.

119.103

Que tes paroles sont douces à mon palais, Plus que le miel à ma bouche !

119.104

Par tes ordonnances je deviens intelligent, Aussi je hais toute voie de mensonge.

119.105

Ta parole est une lampe à mes pieds, Et une lumière sur mon sentier.

119.106

Je jure, et je le tiendrai, D'observer les lois de ta justice.

119.107

Je suis bien humilié: Éternel, rends-moi la vie selon ta parole!

119.108

Agrée, ô Éternel ! les sentiments que ma bouche exprime, Et enseigne-moi tes lois !

119.109

Ma vie est continuellement exposée, Et je n'oublie point ta loi.

119.110

Des méchants me tendent des pièges, Et je ne m'égare pas loin de tes ordonnances.

119.111

Tes préceptes sont pour toujours mon héritage, Car ils sont la joie de mon cœur.

119.112

J'incline mon cœur à pratiquer tes statuts, Toujours, jusqu'à la fin.

119.113

Je hais les hommes indécis, Et j'aime ta loi.

119.114

Tu es mon asile et mon bouclier; J'espère en ta promesse.

119.115

Éloignez-vous de moi, méchants, Afin que j'observe les commandements de mon Dieu !

119.116

Soutiens-moi selon ta promesse, afin que je vive, Et ne me rends point confus dans mon espérance !

119.117

Sois mon appui, pour que je sois sauvé, Et que je m'occupe sans cesse de tes statuts !

119.118

Tu méprises tous ceux qui s'écartent de tes statuts, Car leur tromperie est sans effet.

119.119

Tu enlèves comme de l'écume tous les méchants de la terre; C'est pourquoi j'aime tes préceptes.

119.120

Ma chair frissonne de l'effroi que tu m'inspires, Et je crains tes jugements.

119.121

J'observe la loi et la justice: Ne m'abandonne pas à mes oppresseurs!

119.122

Prends sous ta garantie le bien de ton serviteur, Ne me laisse pas opprimer par des orgueilleux !

119.123

Mes yeux languissent après ton salut, Et après la promesse de ta justice.

119.124

Agis envers ton serviteur selon ta bonté, Et enseigne-moi tes statuts !

119.125

Je suis ton serviteur: donne-moi l'intelligence, Pour que je connaisse tes préceptes!

119.126

Il est temps que l'Éternel agisse: Ils transgressent ta loi.

119.127

C'est pourquoi j'aime tes commandements, Plus que l'or et que l'or fin;

119.128

C'est pourquoi je trouve justes toutes tes ordonnances, Je hais toute voie de mensonge.

119.129

Tes préceptes sont admirables: Aussi mon âme les observe.

119.130

La révélation de tes paroles éclaire, Elle donne de l'intelligence aux simples.

119.131

J'ouvre la bouche et je soupire, Car je suis avide de tes commandements.

119.132

Tourne vers moi ta face, et aie pitié de moi, Selon ta coutume à l'égard de ceux qui aiment ton nom !

119.133

Affermis mes pas dans ta parole, Et ne laisse aucune iniquité dominer sur moi !

119.134

Délivre-moi de l'oppression des hommes, Afin que je garde tes ordonnances !

119.135

Fais luire ta face sur ton serviteur, Et enseigne-moi tes statuts !

119.136

Mes yeux répandent des torrents d'eaux, Parce qu'on n'observe point ta loi.

119.137

Tu es juste, ô Éternel ! Et tes jugements sont équitables;

119.138

Tu fondes tes préceptes sur la justice Et sur la plus grande fidélité.

119.139

Mon zèle me consume, Parce que mes adversaires oublient tes paroles.

119.140

Ta parole est entièrement éprouvée, Et ton serviteur l'aime.

119.141

Je suis petit et méprisé; Je n'oublie point tes ordonnances.

119.142

Ta justice est une justice éternelle, Et ta loi est la vérité.

119.143

La détresse et l'angoisse m'atteignent: Tes commandements font mes délices.

119.144

Tes préceptes sont éternellement justes: Donne-moi l'intelligence, pour que je vive!

119.145

Je t'invoque de tout mon cœur: exauce-moi, Éternel, Afin que je garde tes statuts!

119.146

Je t'invoque: sauve-moi, Afin que j'observe tes préceptes!

119.147

Je devance l'aurore et je crie; J'espère en tes promesses.

119.148

Je devance les veilles et j'ouvre les yeux, Pour méditer ta parole.

119.149

Écoute ma voix selon ta bonté ! Rends-moi la vie selon ton jugement !

119.150

Ils s'approchent, ceux qui poursuivent le crime, Ils s'éloignent de la loi.

119.151

Tu es proche, ô Éternel ! Et tous tes commandements sont la vérité.

119.152

Dès longtemps je sais par tes préceptes Que tu les as établis pour toujours.

119.153

Vois ma misère, et délivre-moi! Car je n'oublie point ta loi.

119.154

Défends ma cause, et rachète-moi; Rends-moi la vie selon ta promesse!

119.155

Le salut est loin des méchants, Car ils ne recherchent pas tes statuts.

119.156

Tes compassions sont grandes, ô Éternel ! Rends-moi la vie selon tes jugements !

119.157

Mes persécuteurs et mes adversaires sont nombreux; Je ne m'écarte point de tes préceptes,

119.158

Je vois avec dégoût des traîtres Qui n'observent pas ta parole.

119.159

Considère que j'aime tes ordonnances: Éternel, rends-moi la vie selon ta bonté!

119.160

Le fondement de ta parole est la vérité, Et toutes les lois de ta justice sont éternelles.

119.161

Des princes me persécutent sans cause; Mais mon cœur ne tremble qu'à tes paroles.

119.162

Je me réjouis de ta parole, Comme celui qui trouve un grand butin.

119.163

Je hais, je déteste le mensonge; J'aime ta loi.

119.164

Sept fois le jour je te célèbre, A cause des lois de ta justice.

119.165

Il y a beaucoup de paix pour ceux qui aiment ta loi, Et il ne leur arrive aucun malheur.

119.166

J'espère en ton salut, ô Éternel ! Et je pratique tes commandements.

119.167

Mon âme observe tes préceptes, Et je les aime beaucoup.

119.168

Je garde tes ordonnances et tes préceptes, Car toutes mes voies sont devant toi.

119.169

Que mon cri parvienne jusqu'à toi, ô Éternel ! Donne-moi l'intelligence, selon ta promesse !

119.170

Que ma supplication arrive jusqu'à toi! Délivre-moi, selon ta promesse !

119.171

Que mes lèvres publient ta louange ! Car tu m'enseignes tes statuts.

119.172

Que ma langue chante ta parole ! Car tous tes commandements sont justes.

119.173

Que ta main me soit en aide ! Car j'ai choisi tes ordonnances.

119.174

Je soupire après ton salut, ô Éternel ! Et ta loi fait mes délices.

119.175

Que mon âme vive et qu'elle te loue ! Et que tes jugements me soutiennent !

119.176

Je suis errant comme une brebis perdue; cherche ton serviteur, Car je n'oublie point tes commandements.

Tables des matières

1-Si nos dirigeants dans ce 21e siècle, ne sont pas capables ; de trouver une solution pacifique à un conflit qui peut engendrer, une troisième guerre mondiale, capable de détruire toute l'existence humaine, le 21e siècle, est le siècle le plus nul. Raoul Osborn

2-Ni Dieu, ni Satan, mais c'est toujours l'homme lui-même qui détruit le monde à cause de son orgueil, sa méchanceté et son égoïsme. Raoul Osborn

3-Depuis la nuit des temps les plus grandes guerres ont toujours été créés par ceux qui se disent les maîtres du monde, et la rhétorique est toujours la même faire la guerre aux autres pour les déposséder de leurs biens. Raoul Osborn

4-Le monde, souffre de deux maux : "Le réchauffement climatique, et le réchauffement politique", pour refroidir le climat politique, il suffit de revoir tous les anciens systèmes, et d'apporter des aménagements, et d'aller sur des bases qui profitent à tous. Raoul Osborn

5-Celui qui veut vivre du salaire des crimes, crée des lois qui protègent les criminels. Raoul Osborn

6-L'un des plus grands crimes, est de créer des lois qui protègent ceux qui commettent des crimes. Raoul Osborn

7-Avant que le regret causé par la bêtise humaine, c'est-a-dire la guerre nucléaire ; ne se déclenche, il serait nécessaire que ceux qui font la guerre contre l'Ukraine ; et ceux qui soutiennent l'Ukraine, aillent à des pourparlers de paix. Raoul Osborn

8-La meilleure façon de garder, notre coopération avec les autres peuples du monde, c'est de regarder les autres peuples, avec les lunettes d'aujourd'hui. Raoul Osborn

9-Quand le changement peut faire avancer le monde, il faut l'accepter. Raoul Osborn

10-Ceux qui veulent tout avoir et par tous les moyens à leurs dispositions, deviennent toujours des problèmes pour les autres. Raoul Osborn

11-L'erreur est humaine, mais il faudra éviter de faire l'erreur qui va conduire le monde dans une troisième guerre mondiale. Raoul Osborn

12-L'une des choses les plus absurdes de notre époque c'est de vouloir la confrontation militaire entre les grandes puissances. Raoul Osborn

13-La folie de l'Homme a causé le déluge, la folie de l'Homme a causé la destruction de Sodome et de Gomorrhe par le feu descendu du ciel il faut faire, attention à cette guerre en Ukraine qui est en train de prendre une tournure de folie. Raoul Osborn

14-Notre monde n'est pas un monde de guerre mais si les guerres existent c'est parce que c'est nous-mêmes qui les créons. Raoul Osborn

15-La vie, la paix, l'amour pour soi et l'amour du prochain, sont des trésors inestimables dont nous devons prendre soin. Raoul Osborn

16-Celui qui aime vraiment son peuple cherche à faire la paix avec les autres peuples. Raoul Osborn

17-Dans notre monde moderne d'aujourd'hui le mot guerre devait être un mot utilisé pour le passé. Raoul Osborn

18-On ne peut pas prétendre, avoir une bonne pensée pour l'avenir de notre monde, et en même temps chercher à tout prix à entraîner le monde dans une troisième guerre mondiale ! Raoul Osborn

20-Le monde doit sortir de l'endormissement, et dire non à une troisième guerre mondiale que veulent créer ceux qui n'ont plus d'espoir de vivre. Raoul Osborn

21-On ne peut pas comprendre qu'au 21e siècle nos dirigeants manquent de leadership transformationnel, car comment peut-on comprendre qu'une troisième guerre mondiale est en train de naître et pas de solution diplomatique pour y mettre fin ? Raoul Osborn

22-Chacun doit laisser son orgueil et son égoïsme, et parvenir à un règlement pacifique dans la guerre en Ukraine si on aime vraiment notre planète. Raoul Osborn

23-On ne cherche pas de vainqueur dans une guerre qui fait de nombreux morts et de déplacés, ce qu'on recherche c'est le retour à la paix. Raoul Osborn

24-De mêmes, que les catastrophes naturelles frappent tous les pays de la planète sans exceptions, si la guerre en Ukraine ne cesse, dans l'avenir cette guerre pourra toucher, le sol de n'importe quel pays dans le monde. Raoul Osborn

25-La vérité est qu'il faut chercher à régler pacifiquement la guerre en Ukraine, car si cette guerre prend une tournure mondiale, n'importe quel pays de la planète va payer de lourds tributs. Raoul Osborn

26-Dans ce 21e siècle si nos dirigeants n'ont pas la capacité de trouver une solution pacifique à une guerre qui peut se généraliser c'est tout simplement une manière de dire qu'ils n'ont pas de bonnes pensées concernant l'avenir de notre terre. Raoul Osborn

27-Dans l'histoire des surprises désagréables ont fait chuter des empires qui se croyaient invulnérables et intouchables. Le mieux c'est de chercher à régler pacifiquement la guerre en Ukraine que de préparer la 3e guerre mondiale. Raoul Osborn

28-Dans ce 21e siècle, si les grandes puissances, ne peuvent pas se respecter mais qu'elles veulent se faire la guerre, sans penser à l'avenir de la terre alors que tous leurs dirigeants sans exception démissionnent, pour laisser la place aux faiseurs de paix. Raoul Osborn

29-Le monde appartient à tous ceux qui l'habite, le monde n'appartient pas à seul groupe racial, ou à un seul peuple, donc évitons, de stigmatiser ou de créer la haine contre d'autres groupes qui ont les mêmes droits que nous. Raoul Osborn

30-Que Dieu bénisse tous ceux qui dans ce siècle tiennent des réunions pour conduire le monde dans la paix, que Dieu chasse de toutes les salles de rencontre ceux qui veulent créer une troisième guerre mondiale. Raoul Osborn

31-L'une des absurdités dans notre monde, c'est toujours ceux qui pensent que le monde leur appartient, et qui pensent qu'ils doivent faire du monde ce qu'ils veulent. Raoul Osborn

32-La victoire n'est pas de toujours gagner une guerre, mais de savoir aussi accepter sa défaite, et d'aller à la paix afin de donner la chance à ceux qui ne sont pas morts dans la guerre de vivre. Raoul Osborn

33-Le mal dans notre monde, c'est que les grandes puissances au lieu de promouvoir, la sécurité des habitants de la terre, ne font que ce faire la guerre sous plusieurs formes. Quelle honte, car avec tout ça on parle de l'homme du 21e siècle ! Raoul Osborn

34-Pour éviter que le monde ne bascule à nouveau, dans une autre guerre mondiale, il faut que chacun de nous, réexamine les causes des précédentes guerres. Raoul Osborn

35-Si chacun de nous disait en lui-même : « Que dois-je faire pour rendre mon prochain heureux, notre monde serait bâti sur le respect des droits de l'homme, l'amour et le partage". Raoul Osborn

36-Dans notre monde dire la vérité, nous expose à trois épreuves : "La persécution, la prison, ou la mort. "Raoul Osborn

37-Il faudra supprimer les embargos sur la nourriture, les médicaments et produits de premières nécessités, car souvent on commet des crimes contre l'humanité à cause de quelques individus qu'on voudrait sanctionner. Raoul Osborn

38-Le point faible de celui qui a les armes, est d'utiliser ses armes pour dominer le plus faible. Raoul Osborn

39-Dans l'histoire de l'humanité, les guerres à l'échelle mondiale sont toujours initiées par ceux qui veulent soumettre le monde à leur idéologie. Raoul Osborn

40-Est ce qu'on peut parler de l'homme moderne, quand les mêmes atrocités commises au moyen âge, existent dans notre ère, et touchent à toutes les couches sociales, dans tous les continents ? Raoul Osborn

41-Les hommes politiques africains, la jeunesse africaine ; les religieux africains et les groupes ethniques africains, doivent comprendre, qu'on peut faire la politique sans faire la guerre. Raoul

43-Dans le passé des gens ont fait la guerre, pour obtenir par la force ce dont ils avaient besoin. Aujourd'hui la négociation est la meilleure voie pour obtenir ce dont on a besoin. Raoul Osborn

44-Empêchez les autres d'être libres à cause de nos propres intérêts, est un crime contre l'humanité. Raoul Osborn

45-Ce que certains d'entre nous, ne comprennent pas encore est que le racisme, ne rabaisse pas celui qui est victime du racisme mais plutôt rabaisse, celui qui le pratique, car ce dernier ignore qu'il méprise un être semblable comme lui. Raoul Osborn

46-Le virus, du racisme doit être combattu avec une grande fermeté, afin que certains peuples retrouvent leur dignité. Raoul Osborn

47-La fin du monde est une réalité, mais que certaines personnes dans ce monde cessent de créer des fins du monde artificiels, à partir des expérimentations dangereuses dans les laboratoires ; car des virus peuvent s'échapper et créer une confusion planétaire. Raoul Osborn

48-Le problème de l'homme, quand il a le pouvoir il déteste la vérité ; lorsqu'on lui dit la vérité, il ne se retient pas à utiliser son pouvoir pour jeter en prison, voire tuer et aller contre les droits de l'homme sans aucun remords. Raoul Osborn

49-Il y a eu une erreur commise dans le passé, c'est que des peuples, se sont enrichis ou ont étendu leurs dominations sur d'autres peuples par les guerres. L'homme du siècle présent, est en train de rééditer ces mêmes erreurs. Raoul Osborn

50-Dans les circonstances où l'on a pensé que la guerre pouvait résoudre le problème, l'on a constaté que la guerre, n'a fait qu'aggraver la situation, en faisant périr d'innocentes vies et en privant beaucoup d'enfants de leurs parents morts pendant la guerre. Raoul Osborn

51-La meilleure façon de garder, notre coopération avec les autres peuples du monde, c'est de regarder les autres peuples, avec les lunettes d'aujourd'hui. Raoul Osborn

52-Quand le changement peut faire avancer le monde, il faut l'accepter. Raoul Osborn

53-Notre monde n'est pas un monde de guerre mais si les guerres existent c'est parce que c'est nous-mêmes qui les créons. Raoul Osborn

54-La santé pour tous, l'éducation pour tous, l'alimentation pour tous, et la création des emplois voici les domaines dans lesquelles nos états doivent investir le plus. Raoul Osborn

55-Pendant que les peuples aspirent à la tranquillité, des dirigeants voulant satisfaire leur égo, conduisent leur peuple dans des guerres insensées. Raoul Osborn

56-On ne peut pas prétendre, avoir une bonne pensée pour l'avenir de notre monde, et en même temps chercher à tout prix à entraîner le monde dans une troisième guerre mondiale ! Raoul Osborn

57-Le monde doit sortir de l'endormissement, et dire non à une troisième guerre mondiale que veulent créer ceux qui n'ont plus d'espoir de vivre. Raoul Osborn

58-La vie, la paix, l'amour pour soi et l'amour du prochain, sont des trésors inestimables dont nous devons prendre soin. Raoul Osborn

59-Le vrai leadership dont notre monde a besoin, c'est de voir tous les peuples émerger sur le plan industriel, économique, éducatif, scientifique et emmener tous les peuples du monde à interagir les uns avec les autres. Raoul Osborn

60-Dans ce 21e siècle, si les grandes puissances, ne peuvent pas se respecter mais qu'elles veulent se faire la guerre, sans penser à l'avenir de la terre alors que tous leurs dirigeants sans exception démissionnent, pour laisser la place aux faiseurs de paix. Raoul Osborn

61-Le monde appartient à tous ceux qui l'habite, le monde n'appartient pas à seul groupe racial, ou à un seul peuple, donc évitons, de stigmatiser ou de créer la haine contre d'autres groupes qui ont les mêmes droits que nous. Raoul Osborn

62-Le mal dans notre monde, c'est que les grandes puissances au lieu de promouvoir, la sécurité des habitants de la terre, ne font que se faire la guerre sous plusieurs formes. Quelle honte, car avec tout ça on parle de l'homme du 21e siècle ! Raoul Osborn

63-Pour éviter que le monde ne bascule à nouveau, dans une autre guerre mondiale, il faut que chacun de nous, réexamine les causes des précédentes guerres. Raoul Osborn

64-La meilleur façon que tous gagnent la guerre en Ukraine, est de trouver un moyen de l'arrêter. Raoul Osborn

65-Dans un monde où l'on, fait recours à la guerre pour avoir des intérêts est un monde déchu.

66-Dans un monde où il y a la vie. Seuls ceux qui n'ont plus d'espoir ; souhaitent que ce monde ; périsse.

67-Les dirigeants des grandes puissances dans notre monde, ne sont pas un bon exemple de leadership, car à cause de leurs intérêts, ils se font la guerre, et font la guerre contre les faibles. Raoul Osborn

68-Les européens doivent refuser de faire de leur continent un champ de bataille qui pourrait causer un Méga- flux migratoire, des populations européennes, vers d'autres cieux, par le dialogue entre la Russie et l'Ukraine. Raoul Osborn

69-Il faudra supprimer les embargos sur la nourriture, les médicaments et produits de premières nécessités, car souvent on commet des crimes contre l'humanité à cause de quelques individus qu'on voudrait sanctionner. Raoul Osborn

70-Dans l'histoire de l'humanité, les guerres à l'échelle mondiale sont toujours initiées par ceux qui veulent soumettre le monde à leur idéologie. Raoul Osborn.

71-De mêmes, que les catastrophes naturelles frappent tous les pays de la planète sans exceptions, si la guerre en Ukraine ne cesse, dans l'avenir cette guerre pourra toucher, le sol de n'importe quel pays dans le monde. Raoul Osborn.

71-Chacun doit laisser son orgueil et son égoïsme, et parvenir à un règlement pacifique dans la guerre en Ukraine si on aime vraiment notre planète. Raoul Osborn.

72-De mêmes, que les catastrophes naturelles frappent tous les pays de la planète sans exceptions, si la guerre en Ukraine ne cesse, dans l'avenir cette guerre pourra toucher, le sol de n'importe quel pays dans le monde. Raoul Osborn.

73-Dans notre monde, seuls les conflits d'intérêts, emmènent les hommes a justifier l'injustice pour se satisfaire. Raoul Osborn.

74-Le racisme, doit être compté parmi les maladies psychologiques, car il peut pousser à la violence à l'injustice et même au crime. Raoul Osborn.

75-Tous veulent être libres, car la liberté est un préalable pour le bien-être, et le développement. Raoul Osborn.

76-Le problème de certains dirigeants, quand ils sont en possession du pouvoir, ils détestent la vérité et lorsqu'on leurs dit la vérité, il ne se retiennent pas à utiliser leur pouvoir pour jeter en prison, voire tuer ou, aller contre les droits de l'homme sans aucun remords. Raoul Osborn.

77-Dans les circonstances où l'on a pensé que la guerre pouvait résoudre le problème, l'on a constaté que la guerre, n'a fait qu'aggraver la situation, en faisant périr d'innocentes vies et en privant beaucoup d'enfants de leurs parents morts pendant la guerre. Raoul Osborn.

78-Nous sommes tous à la recherche d'intérêts, mais il ne faudrait pas que la recherche d'intérêts, nous emmène à faire la guerre comme si c'était le seul moyen de rechercher les intérêts. Raoul Osborn.

79-Tous gagnerons, sur le plan économique dans le monde si nous privilégions, la négociation et si nous développons de bonnes relations, dans nos interactions avec les autres. Raoul Osborn.

80-Les hommes doivent comprendre que c'est ridicule de faire les guerres, à cause du pétrole, de l'or et des matières premières. Car on peut éviter toutes ces guerres qui causent des morts, des orphelins et des détresses dans le monde, par des négociations. Raoul Osborn.

81-Quoi de plus beau, que la recherche de la paix dans le monde, entre les peuples ; et quoi de plus ridicule, pour les hommes, de toujours s'orienter vers la guerre qui cause la tristesse, l'angoisse et le désespoir pour notre monde. Raoul Osborn.

82-Aujourd'hui, personne, ne veut d'une guerre de grande envergure ; ce que les hommes, les femmes, et les enfants désirent c'est un monde de paix, un monde où on peut travailler librement, voyager librement, et étudier librement, un monde où règne l'amour vrai. Raoul Osborn.

83-La guerre, produit la mort la tristesse, l'angoisse et le désarroi, dans les familles ; et même quand on gagne la guerre, que l'on sache que les hommes, morts dans la guerre, du côté ami ou ennemi sont des êtres créés à l'image de Dieu. Raoul Osborn.

84-Nous avons toujours critiqué, ceux qui dans le passé se sont livrés, à des guerres absurdes aujourd'hui quand on observe les hommes dans leur manière d'agir on constate que l'on veut répéter les mêmes absurdités. Raoul Osborn.

85-C'est Dieu qui nous donne la vie sans notre contribution, mais quant aux autres aspects de la vie : Le succès le bien-être et la réussite, nous devons y apporter notre contribution. Raoul Osborn.

86-La meilleur façon de vivre dans notre monde, c'est de prendre un bon risque, cela vaut la peine. Car si nous doutons de tout et de rien, nous ne croirons plus en rien et nous ne ferons plus rien. Et aucun exploit se sera jamais réalisé. Raoul Osborn.

87-Certains n'ont pas encore compris que le temps, où les pirates attaquaient les navires marchands est révolu, certains n'ont pas encore compris que l'esclavage a été aboli, et d'autres encore que tous les peuples soient maintenant indépendants. Raoul Osborn.

88-Le respect de l'homme par l'homme, est le socle du respect des droits de l'homme. Raoul Osborn.

89-Si nous ne faisons pas attention, nos nombreuses guerres dans le monde, risquent de nous faire rétrograder, à l'âge de la pierre taillée. Raoul Osborn.

90-Ceux qui pensent que la réussite est faite pour eux seuls, ont toujours de la haine de la jalousie et du mépris, pour les autres qui réussissent comme eux. Raoul Osborn.

91-En nous, il y a une seule et unique force, que nous pouvons utiliser soit : "Pour faire des choses utiles, ou soit pour faire des choses inutiles", dont notre avenir en dépendra. Raoul Osborn.

92-Quand on cherche à avancer, et qu'on n'y parvient pas, ce n'est pas, parce qu'on ne peut pas avancer, il faut changer de stratégie pour avancer. Raoul Osborn.

93-Les dirigeants de certains peuples doivent créer des cellules de sensibilisations dans leurs pays et toucher toute la population afin d'emmener les uns et les autres à comprendre que le temps de la barbarie est passé. Raoul Osborn.

94-Relevons tous un défi dans ce siècle le défi de mettre un terme à la guerre. Raoul Osborn.

95-Les guerres de grandes envergures doivent à tout prix être évitées pour la survie de la planète. Raoul Osborn.

96-l'abaissement de l'homme fasse au matériel est la gangrène dont souffre notre monde, car en réalité les guerres dans le monde sentent toujours une odeur d'alliages pétrole et cacao et d'autres objets précieux. Raoul Osborn.

97-Pour qu'il y ait une véritable paix dans le monde il faudrait que les hommes fassent l'inverse des choses c'est à dire que les hommes doivent placer la valeur de l'homme au-dessus du matériel et la valeur du matériel au- dessous de l'homme. Raoul Osborn.

98-Quand il y aura une paix réelle entre les grandes puissances de ce monde dans leurs interactions les unes avec les autres alors on pourra espérer à une paix totale entre tous les peuples de la terre. Raoul Osborn.

99-La différence entre les hommes et les animaux est très large, car les hommes ont l'intelligence très développée, l'esprit de créativité, une conscience, et la connaissance du bien et du mal. Utilisons toutes ces qualités pour bâtir la paix dans le monde. Raoul Osborn.

100-Les droits de l'homme sont au-dessus de la couleur de la peau, de notre personnalité, de notre position sociale et de notre appartenance religieuse. Que tous sans exception les respectent. Raoul Osborn.

Printed by Books on Demand GmbH, Norderstedt / Germany